# 江口式 二人でできる!! 太極拳入門

## 簡化24式

江口英顕 著

HARMONY TAICHI BY EGUCHI

BAB JAPAN

# はじめに

## 太極拳はどうすれば上達するのでしょうか

　太極拳を上達したいのなら、太極拳とは何なのかを知る必要があります。

　太極拳の「太極」とはどういう意味なのでしょうか。　（1）で述べます。
　太極拳とはどのような武術なのでしょうか。　　　　　（2）で述べます。
　太極拳はなぜゆっくり動くのでしょうか。　　　　　　（3）で述べます。
　太極拳はなぜやわらかく動くのでしょうか。　　　　　（4）で述べます。

　これらのことが分かれば太極拳の原理を知ることができます。さらに太極拳の原理を実感として会得することで太極拳は上達します。太極拳の原理を実感として会得するためには二人で組むことが近道です。

　現在、太極拳は一人で型をおこなう練習が広く行われています。本来、太極拳には「推手(すいしゅ)」という相対練習が古くから行われてきました。しかし、推手には套路に現れるような技法が現れず、また「推手競技」があるように「競い合いの組手」としての性格があるためか、多くの日本人太極拳愛好家にとって馴染みの浅いものに留まっているのが現状です。
　私の考案した「江口式二人でできる太極拳」は、簡化24式太極拳を基にしており、また競い合いの要素を含んでいませんので、一人での太極拳の型に親しんでいる愛好家の方々にも、二人組で行っていただきやすく、そして太極拳の原理を実感していただけるはずです。

　「江口式二人でできる太極拳」は一人が簡化24式太極拳の型の順番で動きます。これをAパートと呼びます。もう一人はそれに対応するように動きます。これをBパートと呼びます。
　この時Aパートの動きは通常行われている簡化24式太極拳の型どおりではありません。「江口式二人でできる太極拳」では、二人で組むため、相手がいることを前提とした動きになります。

通常の一人でおこなう太極拳では型と型の間の動きは相手がいることを想定しておらず、また一人で行う太極拳の型は健康体操としての動きや、力の方向を示す動きが含まれていますので、ですからそのままでは相手に対応できません。つまり、二人で組んだ時の連続性がないのです。

　そこで「江口式二人でできる太極拳」では、相手と対応する位置取り、つまりポジションを組み合わせてパターン化して、型と型の間をスムーズにつなげるようにしています。この相手に対応するポジションとパターンについては（5）で述べます。
　また相手と組んで動くことを想定した「江口式二人でできる太極拳」と一人で動く簡化24式太極拳の違いについては（6）で述べます。
　さらに24式太極拳で一つの式とされる動きを、吸って吐く自然呼吸の一呼吸の8拍子のリズムで区分けすることで理解しやすくしました。
　こうした理由から「江口式二人でできる太極拳」では一式ずつが短くてシンプルな70式で構成されています。

　「江口式二人でできる太極拳」は相手がいることを想定していますので、そこにはAパートとBパートの攻防のシナリオがあります。つまり各式ごとにシナリオがあり、このシナリオは次の式に連続してつながって70式になります。型編の「江口式二人でできる太極拳70式」でこのシナリオを写真付きで解説します。
　この各式ごとのシナリオが頭の中でイメージすることができるようになれば、一人でも楽しく太極拳が練習でき、きっと太極拳が上達したことを実感できると思います。

　なお、本書の「応用編」では「江口式二人でできる太極拳の用法」として、二人で動く時に、Bパートがシナリオ通りに動けずに、過剰に抵抗したり、過剰に推しこんできたことで、太極拳の技が「決め技」に変化することを写真付きで解説しています。この「決め技」は、徹底して「競い合わないこと」「対抗しないこと」の結果として「技」として表現されるという、太極拳という特殊な拳法の特徴を表しています。太極拳の原理を理解するための参考にしてください。

## 目次

はじめに ……………………………………… 2

●**概要編** ……………………………… **7**

(1) 太極拳の「太極」とは
　　どういう意味なのでしょうか。……………… 8

(2) 太極拳とは
　　どのような武術なのでしょうか。 ……… 10

(3) 太極拳はなぜ
　　ゆっくり動くのでしょうか。……………… 12

(4) 太極拳はなぜ
　　やわらかく動くのでしょうか。…………… 14

(5) 負けない「ポジション」と
　　その組み合わせの「パターン」とは？…… 16

(6) 簡化24式太極拳は江口式二人でできる
　　太極拳ではどうなるのでしょうか。……… 30

・江口式二人でできる太極拳と
　簡化24式太極拳との対照表……………… 34

●**型編**（江口式二人でできる太極拳70式）……… **35**

●**応用編**（江口式二人でできる太極拳の用法）… **177**

・ショートバージョン ……………………… 244

おわりに ……………………………………… 250

## ●型編（江口式二人でできる太極拳70式）●

- （1）太極呼吸 …………………… 36
- （2）開脚 ………………………… 38
- （3）起勢 ………………………… 40
- （4）反転回転 …………………… 42
- （5）右螺旋回転 ………………… 44
- （6）左野馬分鬃 ………………… 46
- （7）左螺旋回転 ………………… 48
- （8）右野馬分鬃 ………………… 50
- （9）右螺旋回転 ………………… 52
- （10）左野馬分鬃 ………………… 54
- （11）白鶴亮翅 …………………… 56
- （12）左内旋回 …………………… 58
- （13）右搂膝拗歩 ………………… 60
- （14）右内旋回 …………………… 62
- （15）左搂膝拗歩 ………………… 64
- （16）左内旋回 …………………… 66
- （17）右搂膝拗歩 ………………… 68
- （18）手揮琵琶 …………………… 70
- （19）右縦回転 …………………… 72
- （20）右倒撐猴 …………………… 74
- （21）左倒撐猴 …………………… 76
- （22）右倒撐猴 …………………… 78
- （23）左倒撐猴 …………………… 80
- （24）左懶扎衣 …………………… 82
- （25）左攬雀尾 …………………… 84
- （26）左縦回転 …………………… 86
- （27）右円回転 …………………… 88
- （28）右螺旋回転 ………………… 90
- （29）左肘回転 …………………… 92
- （30）右縦回転 …………………… 94
- （31）右懶扎衣 …………………… 96
- （32）右攬雀尾 …………………… 98
- （33）右縦回転 …………………100
- （34）左円回転 …………………102
- （35）左螺旋回転 ………………104
- （36）右肘回転 …………………106
- （37）左縦回転 …………………108
- （38）左単鞭 ……………………110
- （39）左螺旋回転 ………………112
- （40）雲手 ………………………114
- （41）左螺旋回転 ………………116
- （42）雲手 ………………………118
- （43）左螺旋回転 ………………120
- （44）雲手 ………………………122
- （45）左単鞭 ……………………124
- （46）高探馬 ……………………126
- （47）右蹴り ……………………128
- （48）双峰貫耳 …………………130
- （49）左螺旋回転 ………………132
- （50）右肘回転 …………………134
- （51）左縦回転 …………………136
- （52）左蹴り ……………………138
- （53）右曲膝落腰 ………………140
- （54）右膝蹴り …………………142
- （55）左曲膝落腰 ………………144
- （56）左膝蹴り …………………146
- （57）左螺旋回転 ………………148
- （58）左穿梭 ……………………150
- （59）右穿梭 ……………………152
- （60）海底針 ……………………154
- （61）閃通背 ……………………156
- （62）右螺旋回転 ………………158
- （63）左肘回転 …………………160
- （64）搬攔捶 ……………………162
- （65）如封似閉 …………………164
- （66）右円回転 …………………166
- （67）右螺旋回転 ………………168
- （68）十字手 ……………………170
- （69）閉脚 ………………………172
- （70）太極呼吸 …………………174

## ●応用編（江口式二人でできる太極拳の用法）●

- （3）起勢 …………………… 178
- （4）反転回転
- （5）右螺旋回転から閃通背 …180
- （6）左野馬分鬃
- （7）左螺旋回転から右攬雀尾 …182
- （8）右野馬分鬃
- （9）右螺旋回転から左攬雀尾 …184
- （10）左野馬分鬃
- （11）白鶴亮翅 ……………… 186
- （12）左内旋回から左肘捶
- （13）右摟膝拗歩 …………… 188
- （14）右内旋回から右攬雀尾
- （15）左摟膝拗歩 …………… 190
- （16）左内旋回から左攬雀尾
- （17）右摟膝拗歩 …………… 192
- （18）手揮琵琶
- （19）右縦回転から雲手 …… 194
- （20）右倒攆猴
- （21）左倒攆猴 ……………… 196
- （22）右倒攆猴
- （23）左倒攆猴 ……………… 198
- （24）左懶扎衣
- （25）左攬雀尾 ……………… 200
- （26）左縦回転から右膝蹴り
- （27）右円回転 ……………… 202
- （28）右螺旋回転から右曲膝落腰
- （29）左肘回転 ……………… 204
- （30）右縦回転から双峰貫耳
- （31）右懶扎衣 ……………… 206
- （32）右攬雀尾
- （33）右縦回転から左膝蹴り …208
- （34）左円回転
- （35）左螺旋回転から左曲膝落腰 …210
- （36）右肘回転
- （37）左縦回転から双峰貫耳 ……212
- （38）左単鞭
- （39）左螺旋回転から右穿梭 ……214
- （40）雲手
- （41）左螺旋回転から右肘捶 ……216
- （42）雲手
- （43）左螺旋回転から右肘捶 ……218
- （44）雲手
- （45）左単鞭 ………………… 220
- （46）高探馬
- （47）右蹴り ………………… 222
- （48）双峰貫耳
- （49）左螺旋回転から高探馬 ……224
- （50）右肘回転から右攬雀尾
- （51）左縦回転から左穿梭 ………226
- （52）左蹴り
- （53）右曲膝落腰 …………… 228
- （54）右膝蹴り
- （55）左曲膝落腰 …………… 230
- （56）左膝蹴り
- （57）左螺旋回転から左単鞭 ……232
- （58）左穿梭
- （59）右穿梭 ………………… 234
- （60）海底針
- （61）閃通背 ………………… 236
- （62）右螺旋回転から右肘捶
- （63）左肘回転から左攬雀尾 ……238
- （64）搬攔捶
- （65）如封似閉から右攬雀尾 ……240
- （66）右円回転
- （67）右螺旋回転から手揮琵琶 …242
- （68）十字手から右攬雀尾

# 概要編

　この概論編では、お互いに対抗しない、抵抗しない、圧力を加えない、力を抜いて貼りついて離れないという、二人で組んで太極拳を行う上での心構えを説明しています。

　また、二人で太極拳を行う時の基本練習として、「縦回転パターン」と「螺旋回転パターン」を紹介します。この練習を通じて、Ａパートの８つのポジションと名称を覚えてください。

　８つのポジションについては、一人でも練習できるように、図や例えを使って分かりやすく説明しています。説明を見ながら、しっかり練習してください。

# 1 太極拳の「太極」とはどういう意味なのでしょうか。

　「太極」とは、陰と陽が調和した状態を言います。これは、二つのものが相対しながらバランスを取っている状態とも言えます。つまり、通常の太極拳では、一人で動いていると思いきや、じつは地球との相対関係の中でバランスを取ろうとしている、という見方ができます。また、相手がいる場合は、自分と相手が互いに調和していることで太極を構成しているということになります。
　この大宇宙の中であらゆるものが相対しながら調和した、太極を構成しているのです。

　みなさんの多くは太極のマーク、陰陽図を見たことがあるかと思います。調和した時の陰と陽の割合を聞かれれば、常に半々と答えたいところですが、それは時々刻々と変化するものです。陰と陽が5対5であるのは一瞬です。陰が1で陽が9のことがあれば、陽が1で陰が9になることもあります。陰と陽の割合が合わせて10となることが調和なのです。そしてこの状態が太極なのです。

　陽が8の時に、陰が凹みすぎて1であると、調和が崩れてしまいます。陽が3の時に、陰が出すぎて8でも調和は崩れてしまいます。つまり凹みすぎたもの、出過ぎたものが崩れるのです。しかし調和を保つ限りは勝敗は決まりません。

概要編

　たとえばあなたが1で相手が9であっても、その状態は永久ではありません。自分が1の時は1として確立して自然に動いていれば、やがて状況は反転して自分が9になることもあるのです。
　重要なことは凹まず、出過ぎないように自分を律することなのです。そのためには調和を感じながら自分を律する訓練が必要なのです。
　つまり太極拳は二人が調和しながら弱い時でも凹みすぎず、強い時でも出過ぎないように自分を律する武術であるといえます。

　二人で呼吸を合わせ、動作を連動させてはじめて二人の調和である「太極」になるのです。もちろん一人で動いても頭のなかで二人で動くイメージがあれば、太極拳の型の意味合いをより深く感じながら楽しく動けると思います。
　相手と手を触れ合ったまま、二人で呼吸を合わせて、調和して動く、というのは、やってみると意外と難しいものです。一緒に動くことに慣れていない方は、相手の動きについ抵抗したり、自分の動きを相手に押しつけてしまいがちです。あるいは気を遣うあまり、呼吸が浅くなったり、乱れたりしがちです。それでは相手との調和が取れません。

　そのためには、対抗意識を捨てて、抵抗する力を抜いて、結果を求めず一瞬一瞬の動きを大切に無意識で動く訓練をするのです。
　つまり自分勝手に動かず、相手にいささかの圧力も加えないで調和しながら動くのです。心になにごとも留めないで作為なしに無意識で動くことが太極拳の原理なのです。

　そこで相手と自分の調和を身体と心の訓練を通じて学ぼうとするのが、私が考案しました「江口式二人でできる太極拳」なのです。
　江口式二人でできる太極拳の練習を通して、お互いに身をもって「太極」の調和を学んでください。

## 2 太極拳とはどのような武術なのでしょうか。

　太極拳とは自分と相手との調和を保つ武術です。太極拳は相手に勝つことを求めないという、数ある武術の中でも特異な武術で、その意味で、「徹底して弱者の立場に立った武術」であると言えます。
　他の多くの武術でも「柔よく剛を制す」と言われ弱者がいかに強者に勝つかを説いています。ここでいう弱者とは速さや強さで劣る者という意味です。その稽古法として、強い力や速い動きを身につけるための訓練法が伝えられています。つまりそれは、弱者が強者になるための稽古であり、技術であるといえます。

　これに対し太極拳は、あえて速さや力で対抗しない稽古をします。何故なら力や速さで競うことには終わりがないからです。強者であっても、力と速さで競う限り、より強者には負けるのです。力と速さは相対的なものなのです。
　たまたま一度、相手に力と速さで勝ったとしても、次回、他の相手にも、同じように勝てるとは言えません。「強者」を誇れば必ずその上の「強者」が現れ、結果として、強者は力と速さがゆえに滅びるのです。反対に「弱者」は「弱者」の立場に立っていれば滅びることはないのです。
　たとえば強い木は強風に対して力を流せないために折れやすく、弱い草はどんな強風に対しても力をいなせるために折れにくく、生き残ることができるのです。生き残るためには勝ちを求めることではなく相手との調和をめざすことです。いかなる時も、どんな相手に対しても、「弱者」の立場を崩さないでいれば生き残ることができるのです。これこそが「太極拳的な態度」だと私は考えています。

そもそも勝ちを争って誰かと戦うということは、自分の都合を押し通そうとすることから始まります。これこそが「強者の論理」です。正義も思惑もその人の都合でしかなく立場や状況が変われば善悪正邪も入れ替わります。そうであるならば争ったり、対抗することに何の意味があるのでしょうか？　「強者の論理」で争えば「勝者」は一時的なもので、誰もが「敗者」に成りうるのです。

　常に「弱者の立場」に立って動くことが太極拳の原理であり、これを二人で組んで学ぶことで、「強者の論理」を乗り越えることができるのです。
　二人で組むことで、対抗しない、抵抗しない、しかし逃げないで自己を確立し調和を保つ訓練するのが「江口式二人でできる太極拳」なのです。

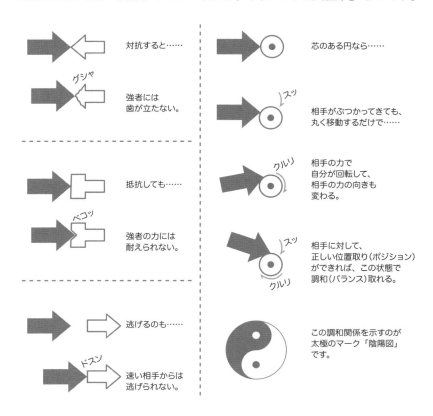

# 3 太極拳はなぜゆっくり動くのでしょうか。

　自分が速さで劣る弱者であると心得ていれば、速さで争うことは無意味です。しかし速さに勝る強者に負けないためにはどうすればよいのでしょうか？　この問いに対して太極拳が出した答えが「貼りつくこと」です。そうすることで相手の速さを抑制することができ、調和することができるのです。

　では、どのように貼りつけば、相手の速さを抑制できるのでしょうか。相手に貼りついて動く時、直線的に連なると相手が速ければ離れてしまいます。そこで相手にまとわりつくように曲線的に貼りつけば、「粘り」が生じて離れにくくなります。
　相手に粘りつき、まとわりつくのです。相手にねばりついて意識してゆっくり動けば結果的に相手の速さを抑制することができます。さらに相手に粘りついた手を身体と一体化させてゆっくり動けば、相手の速さをもう一段抑制することができます。

　相手を引き連れて動く時は、直線的に速く動くと離れてしまいます。相手をからめるように曲線的に貼りついて引き連れるように誘導すれば、「粘り」が生じて離れにくくなります。
　この粘りでゆっくり動いて相手を誘導することで、相手の動きを抑制することができます。さらに相手を手だけで引き連れるのではなく、手と身体を一体化させて身体全体で粘りついてゆっくり引き連れるように動くと、相手の速さをもう一段抑制することができます。

この曲線的にまとわりついたり、からめたりしながら、粘って貼りつき、手と身体を一体化させて条件反射的に対応しないでゆっくり動くことで相手を速さを抑制することが太極拳の原理なのです。

　現実の人間関係でも相手が調和を求めて近づいて来るならば拒む必要はありません。しかし相手が打撃を加えようとして近づいてきたら、必然で離れればいいのです。去るもの追わず、来るものは拒まずです。
　しかし自分が相手の速さの有効な近い距離にいれば、この時は相手と必然的に戦わなければいけなくなります。この時、相手に負けないで生き残るためには、こちらから進んで相手に貼りついて相手の速さを抑制するようにゆっくり動くのです。相手に貼りつきながらゆっくり動く訓練をするのが「江口式二人でできる太極拳」なのです。

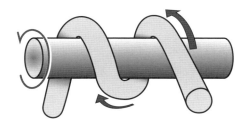

貼りついて、ゆっくり動くことで、相手の速さを抑制できます。
図の横棒の回転を抑制するには、曲線的にからめるようにする。
すると、ねばりが生じて、結果的に螺旋状の動きになる。

# 4 太極拳はなぜやわらかく動くのでしょうか。

　相手と自分が同一線上で力で推し合えば、より強者が勝ちます。力で劣る弱者が力で対抗することは無意味です。こちらが力で対応すると強者はさらに大きな力で推してきて、弱者は推されて凹んでしまうか、つぶれてしまいます。
　そこで弱者は、あえて力で対抗しないように、やわらかく対応するのです。このやわらかく対応するということは、「暖簾に腕押し」のごとく対応することではありません。それでは凹んだり、つぶれたりして太極の調和が崩れてしまいます。
　では調和を維持しながら、凹まないようにやわらかく対応するには、どうすればよいのでしょうか。

　相手の推す力の方向を誘導して円回転で動くとよいのです。
　その時、やわらかく円回転で動けば、自分の中心点を退かずにすむので、凹まずにすみます。相手のエネルギーをもらって動くので、相手が過剰な力を発揮すれば自ら崩れることになり、結果的に相手の力を抑制することになるのです。

　相手がこちらの両手首や両腕、片手首や片腕を掴んできた場合はどうでしょうか。この時もまたこの掴まれた部位を外そうとして力で対抗すれば、逆に強者の大きい力でねじふせられてしまいます。
　この場合、あえて掴まれた部位は外そうとしないで、やわらかく対応して相手と一緒に動こうという意思を相手に伝えるのです。

そのためには、相手の力の方向と、自分の力の方向を縒り合わせた協調できる方向へやわらかく螺旋状に回転することです。
　相手が自分と縒り合わせた力の方向に過剰に反応して、力を発揮すれば自ら崩れることになるので、結果的に相手の力を抑制することになるのです。

　このように相手とぶつかれば相手の力の方向を誘導するように円回転するか、相手と自分の力を縒り合わせて協調できる方向へ螺旋回転すればいいのです。
　やわらかく円回転や螺旋回転で動くことで、相手に力で対抗しない、相手と争う意思や勝とうとする意思がないことを伝えることができます。この意思が相手に伝わると、相手も無理な動きをしなくなります。反対に相手がこちらの圧力や抵抗を感じれば、それに対して反射的により強い抵抗をしてくるものです。
　つまり相手がこちらに調和して動くように、やわらかく円回転や螺旋回転で動くことが太極拳の原理なのです。
　この太極拳の原理にしたがってやわらく円回転や螺旋回転で動く訓練をするのが、「江口式二人でできる太極拳」なのです。

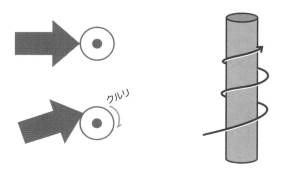

相手の力で円回転で誘導することで、相手の力は抑制される。また、相手と協調する方向に回転することで、太極拳独特の芯のある柔らかさになる。この円回転を立体的に捉え、上下にズラしていくと、螺旋回転になる。

# 5 負けない「ポジション」と そ の組み合わせの「パターン」とは?

　二人で組んで太極拳を行う時、相手の両手に自分の両手を貼りつけて対応します。この相手の両手に貼りついて対応する動きが、負けない位置取りなのです。勝つことはなくても負けない位置取りなのです。この位置取りを、私は「ポジション」と名付けました。

　ただし、今の状態が負けないポジションであっても、そのポジションに留まり続けてしまうと、相手が対応して、次の瞬間には負けない位置取りではなくなってしまいます。そのためには相手をとりもちでからめるよう

●右縦回転パターン

●右螺旋回転パターン

概要編

にして、自分のポジションを変化させて、相手を誘導する必要があります。
　私はこの「ポジション」を順番に変化させながら誘導する組み合わせを「パターン」化して二つの「パターン」にまとめました。

　一つ目のパターンは、Bが一方の手で打撃を加えてきた時Aは手を上げて貼りついて防御します。またBの他方の手に対してAは手を下げて貼りつけて防御します。この相手の打撃を防御するポジションから始まる一連のポジションをまとめたものを「縦回転パターン」と名付けました。
　二つ目のパターンは、BがAの腕や手首を掴んできた時の防御から始まる一連のポジションをまとめたもので、これを「螺旋回転パターン」と名付けました。
　「江口式二人でできる太極拳」の基本練習として、この二つのパターン「縦回転パターン」と「螺旋回転パターン」とそれを構成する「ポジション」を写真と解説を見ながら丁寧に練習してください。

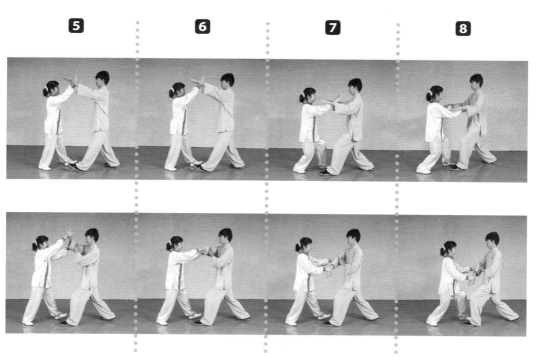

17

# (5-1)「縦回転パターン」の練習

　AとBとでお互いに左足前で立って「右縦回転パターン」の練習をします。ここでいう「左足前」とは、左足を一歩前に出し、右足を左足に対して約45度開いた状態で、6：4で右足加重の状態をいいます。
　「右足前」はこれの逆です。Aの動きをポジションとしてそれに対応するBの動きは［　］で示しました。

●「右縦回転パターン」の練習
Ⓐ ①左足前両手下ポジション
Ⓑ ［左足前両手下］

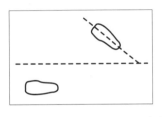

ＡＢお互いに左足前に立ちます。

Ⓐ ②左三角ポジション
Ⓑ ［右三角］

　この状態でBが右手でAの上段を攻撃します。
　これに対し、Aは争わないように、左手を下から三角形の一辺になるように貼りついて防御します。
　同時にBの左手を押さえるように右手を構えて上から貼りつけて防御します。あたかも上下の両手で三角錐を作るような位置取りなので「左三角ポジション」と名付けました。
　この時Bは「右三角」となります。

三角形ポジションのイメージ

左三角ポジションの状態はちょうど、左手と右肘、右手と左肘を一辺とする三角錐をイメージして構えてください。

🅐 ③右縦回転ポジション
🅑 ［左縦回転］

両手でボールを縦回転させるイメージ

この状態から、Aはより防御しやすいポジションへBを誘導するようにして、両手であたかも抱えているボールを右回りに縦回転させるかのように右手と左手を回転させます。この動きを「右縦回転」と名付けました。

この時、Bの左手に貼りついたAの右手の接点にあたかも歯車のギヤがあるように、Aが右縦回転で動く時、Bもこのギヤの動きに合わせて動くので「左縦回転」となります。

🅐 ④右シーソーポジション
🅑 ［左シーソー］

内旋回

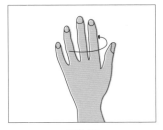

外旋回

　右縦回転ポジションからより防御しやすいポジションにＢを誘導するように、Ａは、Ｂの左手の上に粘りついた右手を、今度はＢの左手の下になるように、右手の平が上を向くように螺旋状に回転させます。

　手の平が上を向くように、または手前に向かうように螺旋状に回転する動きを内旋回と言います。

　同時にＡは、Ｂの右手の下に貼りついた左手を、Ｂの右手の上にくるように、手の平が下を向くように螺旋状に回転させます。手の平が下を向くように、または外側に向くように螺旋状に回転する動きを外旋回と言います。

　この動きは、右手を内旋回させながら右手の平を上、左手を外旋回させながら左手の平を下に向け、両手を前に出しながら横に開いて、あたかも平泳ぎのように両手を水平にします。

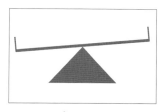

シーソー

　この時左右の肩甲骨を通して自分の両手を一体として、右手の平が上向きで、左手の平を下向きで、あたかもシーソーであるかのようにイメージするので「シーソーポジション」と名付けました。

　右手を上げるようにシーソーを動かす場合は、「右シーソーポジション」で、この時Ｂは［左シーソーポジション］となります。

A ⑤ 両手螺旋ポジション
B ［両手上］

　シーソーポジションから、Ａはより防御しやすいポジションへＢを誘導するように、Ｂの両手の内側に両手を貼りつけるように、右手を下から内旋回で螺旋状に回転させてＢの左手の内側に、左手をＢの右手の上から内旋回で螺旋状に回転させてＢの右手の内側に貼りつきます。

　さらに相手の両手の内側に貼りついて自分の両手を内旋回で螺旋状にせり上げるようにして手の平を手前にくるように、Ｂの両手を上方へ誘導します。

　両手を螺旋状に上げるので「両手螺旋ポジション」と名付けました。

　この時、ＢはＡと貼りつきながら接点を歯車のギヤで動かされるようにＡに連なって両手の手の平を自分に向けて［両手上］となります。

🅐 ⑥両手返しポジション
🅑 ［両手返し］

両手螺旋ポジションから、Aはさらに防御しやすいポジションにBを誘導するように、両手をBの内側に貼りついて両手を小指側に内旋回した両手を巻き戻しするように親指側に外旋回させて両手を返します。「両手返しポジション」と名付けました。

この時、貼りついた接点を歯車のギヤのように円回転してBの両手を誘導します。この時Bは貼りついた接点をギヤのように合わせてAに連なって動き、Bの両手もA側に向いて「両手返し」になります。

🅐 ⑦ローラーポジション
🅑 ［腰を落とす］

両手返しポジションから、Aはより良いポジションにBを誘導するように、両手でBの内側に貼りついたまま、あたかも両手が円回転するローラーに貼りついているかのようにイメージしてこのローラーにぶら下がるように腰を落とします。

あたかも回転するローラーに貼りついてぶら下がるイメージなので「ローラーポジション」と名付けました。この時BはAに合わせて腰を落とします。

概要編

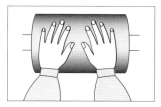

ローラーに両手が貼りついた
イメージ

この時、相手の実際には貼りついている接点は相手の両手の内側です。この接点を意識して、自然法則の重力に従うように、体全体でぶら下がるように腰を落とします。

🅐 ⑧左足前両腕ポジション
🅑 ［左足前両腕］

両手を水に浮かべるイメージ

ローラーポジションからお互いにAが内側でBが外側で両手を組みます。両手でお互いに安心感を与え合えるポジションにBを誘導します。これを「両腕ポジション」と言います。

この時、相手にいささかも圧力を加えないように、あたかも両手を水に浮かんでいるかのようにします。

この①〜⑧までの一連の動きを左足前の「右縦回転パターン」と名付けました。時と場合によってその一部であっても、途中からであっても、これらのポジションの組み合わせを「右縦回転パターン」といいます。

左手の上段攻撃を右三角ポジションで防御することから始まる場合は右足前の「左縦回転パターン」となります。

＊右足前の「右縦回転パターン」、左足前「左縦回転パターン」もあります。手の動きは全く同じ動きです。

23

# （5−2）「螺旋回転パターン」の練習

●右螺旋回転パターンの練習

🅐 ①左足前両腕ポジション
🅑 ［左足前両腕］

🅐 ②右構えポジション
🅑 ［右手取り］

「螺旋回転パターン」は、両腕ポジションから始めます。
　Aが外側でＡＢともに両腕を取り合います。

　ＡＢともに左足前両腕ポジションのままでは膠着状態になりますから、Ｂは右手で右手首を、左手で右肘を取ります。
　これに対しＡは、取られた右手をあたかも三角形の一辺のように抵抗せず、外そうとせず、右手の指先まで神経を行き渡らせて、相手とぶつからずに調和する方向を探りながら右手を構えます。「右構えポジション」と名付けました。
　この時、ＢはＡの［右手取り］になります。

🅐 ③右螺旋ポジション
🅑 ［右手上］

　右構えポジションから、より良いポジションにBを誘導するように、AはBと対抗しないように、右手と身体を一体化させて螺旋状に右手を小指側に内旋回させます。右手を螺旋状に上に上げるので「右螺旋ポジション」と名付けました。Bと調和しながら上の方向へ誘導する対応関係です。

　この時Bは［右手上］になります。

🅐 ④左手の平ポジション
🅑 ［右Tの肘］

　右螺旋ポジションから、より防御しやすいポジションを取るため、AはBの右肘を取るように下から、左手の平をあてがいます。左手の平ポジションと名付けました。

　この時Bは左手を右手の内肘に当てがってTの肘で防御するので［右Tの肘］となります。

「Tの肘」のイメージ

　ここでいう「Tの肘」とは、右肘にTの字になるように筋交いをあてて補強するイメージで右肘の内側に左指先を添えて防御することを言います。

🅐 ⑤右手返しポジション
🅑 ［右手返し］

　AはBの右肘にあてがった左手の平を支点として働かせるためのポジション取りとして、右螺旋ポジションで上げた右手を返します。ちょうど小指側に内旋させた右手を親指側に外旋させるように右手を返します。「右手返しポジション」と名付けました。

　この時Bも、Aの右手の回転に合わせて、あたかも歯車があるかのように［右手返し］となります。

🅐 ⑥左小さなシーソーポジション
🅑 ［右Tの肘直角］

　右手返しポジションからBの右手は、右肘を支点として、特に圧力をかけ無くても、自然と「小さなシーソー」が傾くように自然法則の重力にしたがってBの右手が平らになってきます。

　左手の平でBの右肘を支えて小さなシーソーを動かすようにするので左「小さなシーソーポジション」と名付けました。

　この時Bは右手のTの肘を直角にして防御するイメージで［右Tの肘直角］となります。

概要編

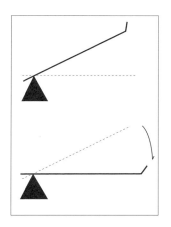

「右手返しポジション」からBの前腕をあたかもシーソーのように見立てます。

Bの肘の下にAは左手の平をあてがい、ここに支点して右手が下に降りていく感覚です。

**A** ⑦右フックポジション
**B** ［右手構え］

フックのイメージ

左小さなシーソーポジションでBの右手が自然法則の重力に従って平らになったら、AはBの右手首をコップに見立ててフックします。

ここでいう「フック」とは、親指と中指で、ひっかけるようにつまむイメージです。決して握ってしがみついてはいけません。

右手でBの右手首をフックする状態を「右フックポジション」と名付けました。

この時Bは取られた右手の指に神経を通して［右手構え］となります。

🅐 ⑧右手取りポジション
🅑［右Tの肘下］

　右フックポジションでBの右手首をコップに見立てて、あたかも、このコップに水が入って、水の重みで下に沈むように右手でBの右手首を取って下方へ誘導します。

　右手でBの右手首を取った状態を右手取りポジションと名付けました。この時Bは［右Tの肘下］となります。

この①から⑧までの一連の動きは、①左足前両腕ポジションからＢに右手が取られてから、②右構えポジションで対応することから始めて、逆転してＡが右手でＢの右手首を取った右手取りポジションまで順番にポジションを変化させてたものです。

　この一連の動きを「右螺旋回転パターン」と名付けました。時と場合によってその一部であっても、途中からであっても、これらのポジションの組み合わせを「右螺旋回転パターン」といいます。

　右足前両腕ポジションからＢに左手が取られて左構えポジションで対応することから始まる場合は「左螺旋回転パターン」となります。

　また両手首を取られた場合は両手構えポジションとなります。

　左足前で左手首を取られた場合は左足前「左螺旋回転パターン」となり、右足前で右手首を取られた場合は右足前「右螺旋回転パターン」となります。

## 6 簡化24式太極拳は江口式二人でできる太極拳ではどうなるのでしょうか。

　太極拳を二人で組んで行う時は、「太極拳の型」はいわゆる「決め技」にはなりません。
　何故なら太極拳は相手との調和を目指す武術ですから、太極拳の型を「決め技」として作為的に倒そうとすると、相手と力でぶつかり「太極」の調和が崩れてしまうからです。
　その意味で二人で組むと「太極拳の型」は、相手が"正当"に防御する限り「決め技」にはならないのです。

　しかし、相手が正当に対応せず過剰に反応したり、抵抗したり、過剰に推してきたら、相手のエネルギーをもらって、動きを変化させることになります。すると、相手は自ら出した過剰なエネルギーで自ら体勢を崩し、こちらはその崩れに乗じるだけで、相手は自ずから敗れるのです。
　この時に表われる動きが24式太極拳の型であり、武術でいう「決め技」になるのです。

たとえば簡化24式太極拳の型の「馬のたてがみをわける」という意味の「左野馬分鬃」という型があります。

図1

この場合、24式太極拳では図1のようになりますが、型の流れを二人で組んで動く江口式二人でできる太極拳では相手が正当に防御するので図2のようになります。

図2

しかし相手が簡化24式太極拳の定式に至る前のポジションで過剰に推してきたら相手のエネルギーをもらって図3のような「決め技」になります。

図3

また簡化24式太極拳の型に「白鶴がきれいな翅をひろげる」という意味の「白鶴亮翅」という型があります。

図4

この場合簡化24式太極拳では図4のようになりますが、二人で組んで動く江口式太極拳では力と力がぶつかればあえて対抗しないため白鶴の翅がひろげられないので図5のようになります。

図5

しかし二人で組んで動く時「白鶴亮翅」の型に至る前のポジションでに過剰に抵抗したら、相手のエネルギーをもらって図6のように「白鶴亮翅」を「決め技」として用います。

図3

つまり、江口式二人でできる太極拳に組み込まれた簡化24式太極拳の型は、相手が正当に防御することを前提とした時に表われた途中経過の姿のなのです。

　それではパターンとそれを構成するポジションの中に、どのように簡化24太極拳の型がどのように組み込まれているのか、次ページの対照表を参考にしてください。

## 江口式二人でできる太極拳と簡化24式太極拳との対照表

| | 江口式<br>二人でできる<br>太極拳70式 | 簡化24式<br>太極拳 |
|---|---|---|
| 1 | 太極呼吸 | |
| 2 | 開脚 | |
| 3 | 起勢 | 起勢 |
| 4 | 反転回転 | |
| 5 | 右螺旋回転 | |
| 6 | 左野馬分鬃 | 左右野馬分鬃 |
| 7 | 左螺旋回転 | |
| 8 | 右野馬分鬃 | |
| 9 | 右螺旋回転 | |
| 10 | 左野馬分鬃 | |
| 11 | 白鶴亮翅 | 白鶴亮翅 |
| 12 | 左内旋回 | |
| 13 | 右摟膝拗歩 | 左右摟膝拗歩 |
| 14 | 右内旋回 | |
| 15 | 左摟膝拗歩 | |
| 16 | 左内旋回 | |
| 17 | 右摟膝拗歩 | |
| 18 | 手揮琵琶 | 手揮琵琶 |
| 19 | 右縦回転 | |
| 20 | 右倒撵猴 | 左右倒巻肱 |
| 21 | 左倒撵猴 | |
| 22 | 右倒撵猴 | |
| 23 | 左倒撵猴 | |
| 24 | 左懶扎衣 | 左攬雀尾 |
| 25 | 左攬雀尾 | |
| 26 | 左縦回転 | |
| 27 | 右円回転 | |
| 28 | 右螺旋回転 | |
| 29 | 左肘回転 | |
| 30 | 右縦回転 | |
| 31 | 右懶扎衣 | 右攬雀尾 |
| 32 | 右攬雀尾 | |
| 33 | 右縦回転 | |
| 34 | 左円回転 | |
| 35 | 左螺旋回転 | |
| 36 | 右肘回転 | |
| 37 | 左縦回転 | |

| | | |
|---|---|---|
| 38 | 左単鞭 | 左単鞭 |
| 39 | 左螺旋回転 | |
| 40 | 雲手 | 雲手 |
| 41 | 左螺旋回転 | |
| 42 | 雲手 | |
| 43 | 左螺旋回転 | |
| 44 | 雲手 | |
| 45 | 左単鞭 | 左単鞭 |
| 46 | 高探馬 | 高探馬 |
| 47 | 右蹴り | 右蹬脚 |
| 48 | 双峰貫耳 | 双峰貫耳 |
| 49 | 左螺旋回転 | |
| 50 | 右肘回転 | |
| 51 | 左縦回転 | |
| 52 | 左蹴り | 左蹬脚 |
| 53 | 右曲膝落腰 | 左下勢独立 |
| 54 | 右膝蹴り | |
| 55 | 左曲膝落腰 | 右下勢独立 |
| 56 | 左膝蹴り | |
| 57 | 左螺旋回転 | |
| 58 | 左穿梭 | 左右穿梭 |
| 59 | 右穿梭 | |
| 60 | 海底針 | 海底針 |
| 61 | 閃通背 | 閃通背 |
| 62 | 右螺旋回転 | |
| 63 | 左肘回転 | |
| 64 | 搬攔捶 | 搬攔捶 |
| 65 | 如封似閉 | 如封似閉 |
| 66 | 右円回転 | |
| 67 | 右螺旋回転 | |
| 68 | 十字手 | 十字手 |
| 69 | 閉脚 | |
| 70 | 太極呼吸 | 収勢 |

# 型編

　江口式二人でできる太極拳は、ＡパートとＢパートとで行われる攻防に簡化24式太極拳の型を組み込んだシナリオで動きます。そのシナリオは、（５）で述べた「縦回転パターン」と「螺旋回転パターン」とそれを構成するポジションで動くようにしてあります。

　このシナリオを読みながらＡパートの動きを頭の中でイメージしてみてください。ＢパートはＡパートに抵抗しないで貼りついて動きます。写真を見ながら練習してください。

　ポジションはｐで表し、江口式二人でできる太極拳の70式は、簡化24式太極拳の型および、シナリオ上必要な私が考案した型で構成しています。なお［　］はＡパートのスタートポジションとラストポジションに対応するＢパートの対応を示しています。

　一つの型は８コマで、１〜４で吸って、５〜８で吐くようにして、全部で70の型を連続してできるように練習してください。

# 1 太極呼吸

　Aパート、Bパートともに向かい合って両手を下に閉脚で立ちます。ここでいう「閉脚」とは両足を軽く揃えて立った状態をいいます。

　次にABともに、息を吸いながら右手を軽く握り左手をかぶせて胸の前につけます。鏡の前で見るとちょうど陰陽図の太極マークを両手で作るイメージです。

　次にABともに胸の前で両手の親指と中指で三角形を作ります。この三角形の意味は相手の勢いに対抗しないで受け流し、争わないことを意味しています。

　次にABともに息を吐きながらこの三角形を頭上に上げ、お互いに争わないこ

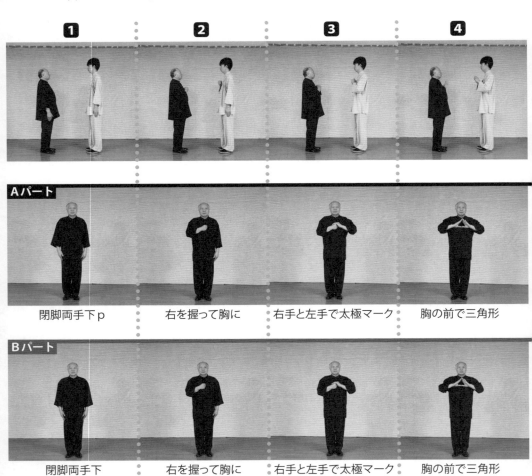

| 1 | 2 | 3 | 4 |

Aパート
閉脚両手下p　／　右を握って胸に　／　右手と左手で太極マーク　／　胸の前で三角形

Bパート
閉脚両手下　／　右を握って胸に　／　右手と左手で太極マーク　／　胸の前で三角形

<閉脚両手下p［閉脚両手下］=**太極呼吸**=閉脚両手下p［閉脚両手下］>

とを誓います。この時両手が両耳の真横に来るように両手を上げ、肩甲骨を意識します。

次にＡＢともに頭上の両手を開き自然法則の重力に従って両手が自然に下がって来るのを待って閉脚両手下ポジションで収めます。

息を吸いながら動き始め、太極マークを作り、息を吐き終わって収める自然呼吸で動くので**太極呼吸**と名付けました。

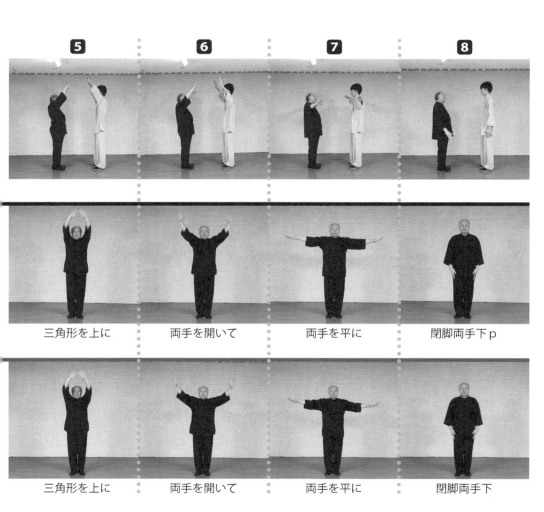

# 2 開脚

　ＡＢともに、閉脚両手下ポジションの状態から、両膝を曲げて重心を落とします。

　次にＡは右足に重心を移し、左足のかかとを上げ、さらに左つま先を左横に開き、左つま先で下の地面の状況を探るように、右重心のまま左かかと下ろします。

　次に左足の下が安全である感触を得たら重心を真中に移動して開脚両手下ポジションで立ちます。足を開くという意味で**開脚**としました。

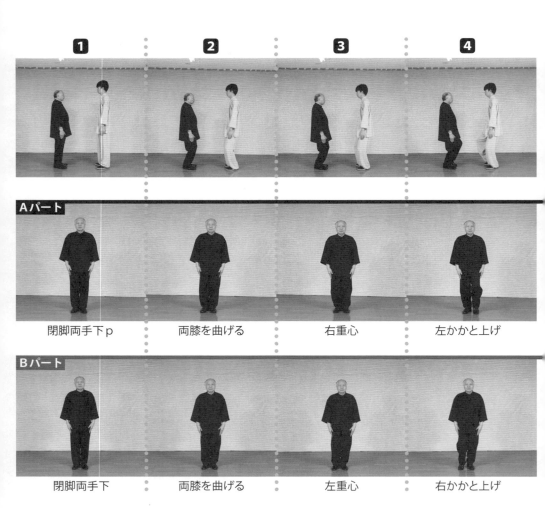

<閉脚両手下p［閉脚両手下］＝**開脚**＝開脚両手下p［開脚両手下］＞

　BはAと左右対照に動いて、同じく［開脚両手下］で立ちます。このように足を開く時はいつでも動かした足を元に戻せるようにしながら動かします。
　ここでいう「開脚」とは両足を肩幅よりやや広めに足を開いて立った状態をいいます。

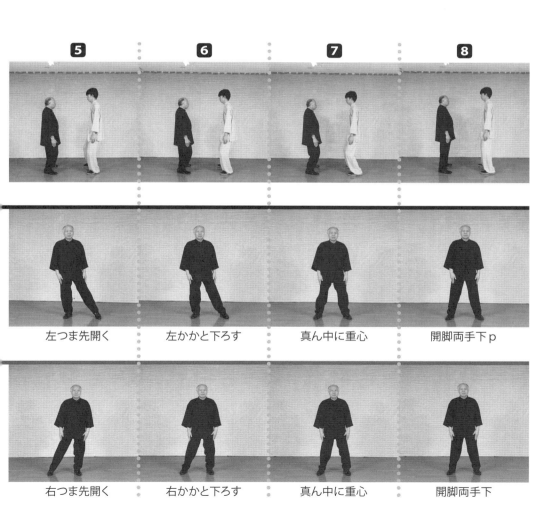

# 3 起勢

　BはAの両腕を外側から取るように両腕を出します。これに対しAはBの両腕の内側から貼りついて開脚両腕ポジションで防御します。

　この状態では膠着状態になります。そのためBはAの両手首をフックして反撃します。

　この時Aは抵抗しないように両手の指先に神経が伝わるような気持ちで両手構えポジションを取ります。

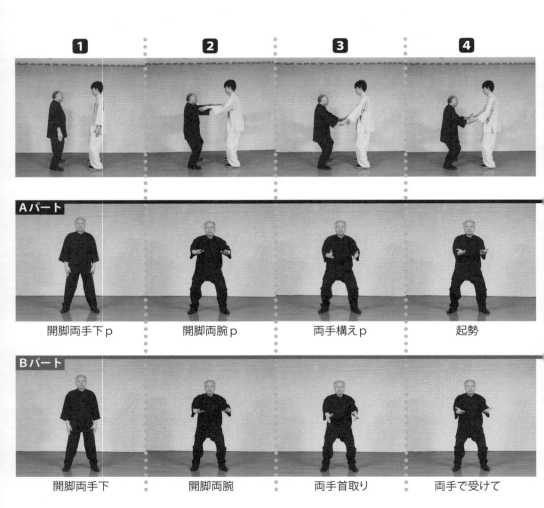

<開脚両手下p［開脚両手下］＝開脚両腕p＝両手構えp＝**起勢**＝両手螺旋p
「縦回転パターン」開脚両腕p［開脚両腕］＞

　次にAはBを誘導するように両手を内旋回させて人差し指の方向をBの両肩の方向へ向けます。静極まって動になるように勢いを起こすという意味で**起勢**といいます。この時、Bは両手の小指がAの両手の上に来るようにします。

　次にAは両手を共に内旋回させた両手螺旋ポジションから「縦回転パターン」の順番通りに動き、開脚両腕ポジションで収めます。この時Bも開脚両腕となります。
＊ここでいう「フック」、「内旋回」、「縦回転パターン」については（5）を参照してください。

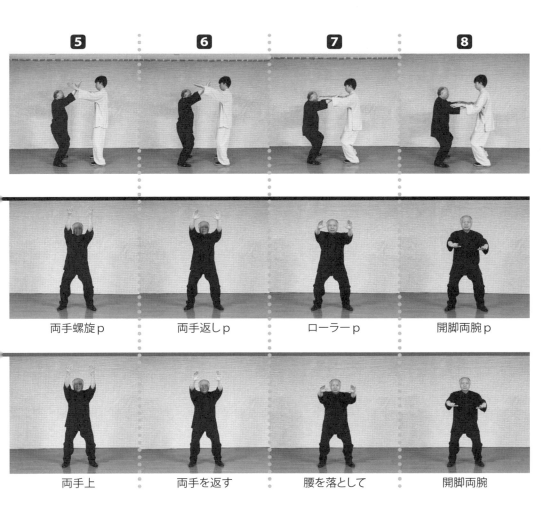

# 4 反転回転

　ＡＢともに開脚両腕ポジションで立ちます。このままでは膠着状態ですから、ＢがＡの両腕を推します。

　これに対し、Ａは両肘を緩め、両膝、腹を前に向けて腰を逃がさないように、背骨を真っ直ぐにして、胸を右に回します。

　この右にねじった体幹は自然に左に反転するように左側に反転するので、**反転回転**と名付けました。

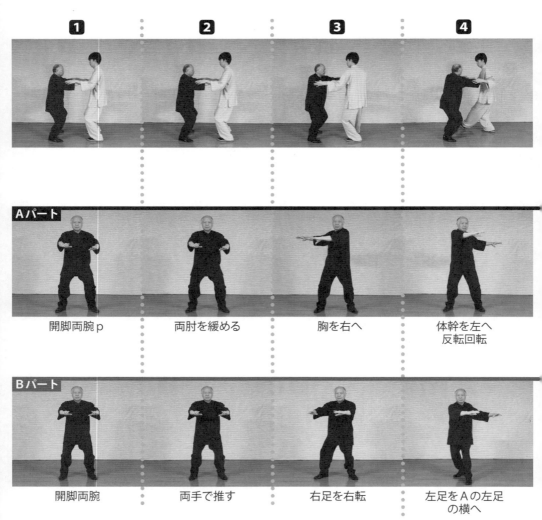

<開脚両腕p［開脚両腕］＝**反転回転**＝左前両腕p［左前両腕］＞

　この時Bは抵抗しないように右足を右に開いて背骨を真っ直ぐにして、Aの反転に合わせ、左足を斜めに出してAの左足の横に並べます。
　次にAは右足を約45度左転させ、右重心となります。この時Bは左重心で右足を約135度に下ろします。
　次にABともに左かかとを上げ、お互いに左前両腕ポジションとなります。
＊ここでいう「左前」とは左足を一歩よりも少なめに前に出して右足を約45度開いた状態をいいます。

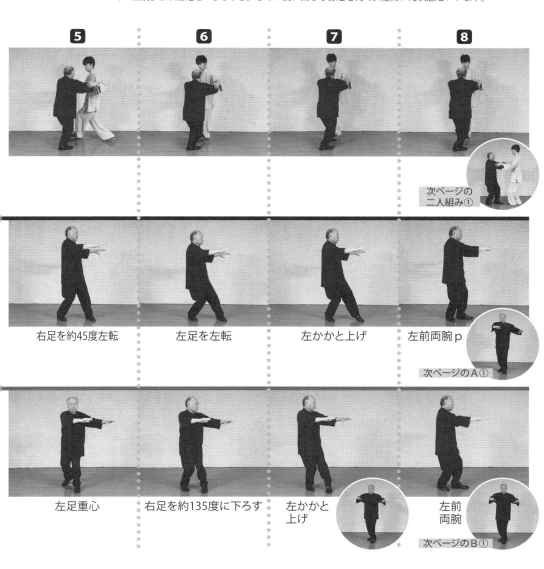

# 5 右螺旋回転

　ＡＢともに左前両腕ポジションで構えます。このままでは膠着状態ですので、ＢがＡの右手を取ります。これに対し、Ａは右構えポジションで構えます。
　右構えポジションから「右螺旋回転パターン」の順番にしたがって左前右手取りポジションまで動きます。この時Ｂは［左前右Ｔの肘下］で受けます。
＊ここでいう「右螺旋回転パターン」については、（5）を参照して下さい。

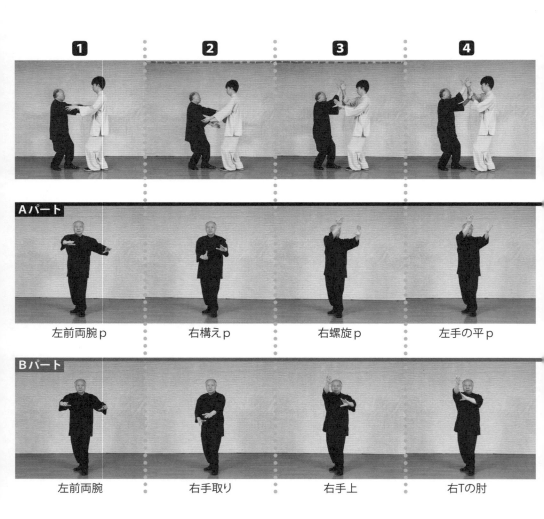

＜左前両腕ｐ［左前両腕］＝右構えｐ「**右螺旋回転**パターン」左前右手取りｐ［左前右Ｔの肘下］＞

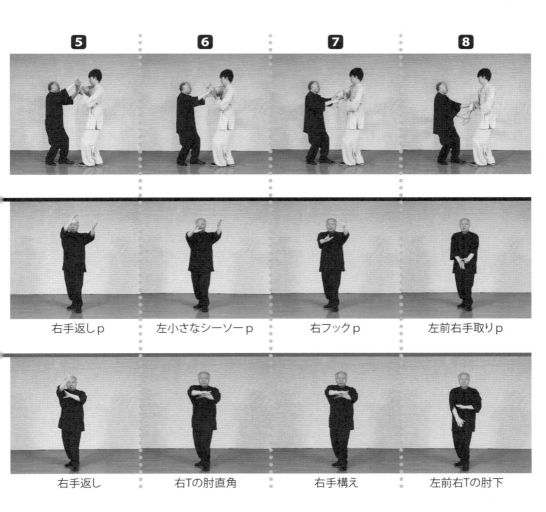

# 6 左野馬分鬃

　Aは左前右手取りポジションで構えます。この時Bは［左前右Tの肘下］で受けます。この状態はAが有利ですから、Bは反撃に転じて右手でAの上段を攻撃します。

　これに対しAはBの右手首を右フックしたまま、左三角ポジションでAの左手上段攻撃を防御します。次にAは左かかとを上げ、Bは右かかとを上げます。

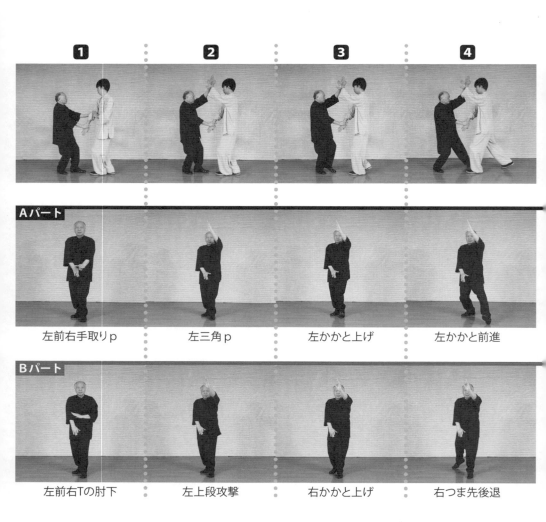

＜左前右手取りｐ［左前右Ｔの肘下］＝左三角ｐ＝**左野馬分鬃**＞

　次に左かかとから前進し、左足を右転させ、両足を平行にして、腰を落とし「騎馬立ち」で立ちます。次にＡは左手の平を上に向けて構えます。

　これに対しＢはＡの左手首を左手で受けます。次にＡはおはじきをはじくかのように、肩甲骨を左右に開きます。

　この動きはあたかも馬のたてがみを分けるかのようみえるので**左野馬分鬃**と言います。Ｂは左つま先を上げ左中段受けで防御します。

# 7 左螺旋回転

　Aは騎馬立ちで左野馬分鬃で構えます。Bは左つま先を上げて左中段受けで防御します。この状態はAに有利ですから、BはAの左手首をフックして反撃します。

　これに対しAは左足を左転させて左構えポジションで構えます。

　左構えポジションから「左螺旋回転パターン」の順番に従って左足前左手取りポジションまで動きます。この時Bは［左足前左Tの肘下］で受けます。

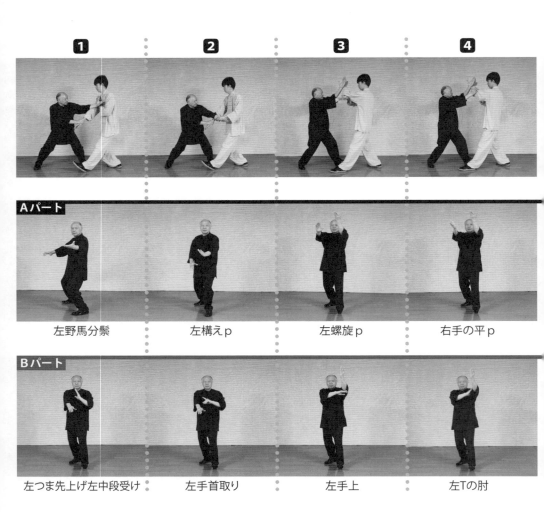

＜左野馬分鬃＝左構えp「**左螺旋回転**パターン」左足前左手取りp
［左足前左Tの肘下］＞

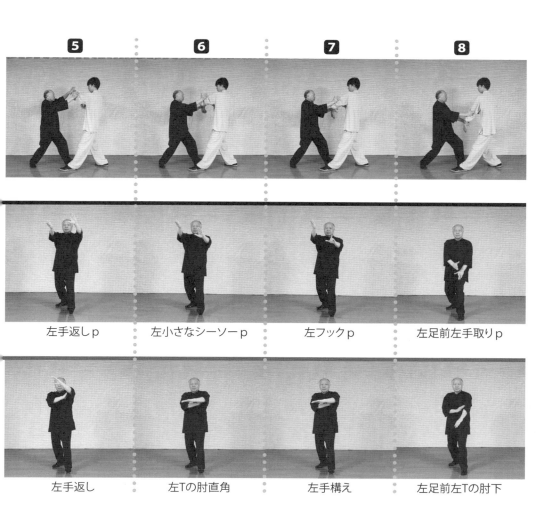

# 8 右野馬分鬃

　Aは左足前左手取りポジションで構えます。この時Bは［左足前左Tの肘下］で受けます。

　この状態はAに有利ですから、Bは反撃に転じて右手でAの上段を攻撃します。これに対しAは右三角ポジションで防御します。

　次に右つま先を左足に寄せて、右かかとから前進し、右足を左転して両足を平行にして騎馬立ちで腰を落とします。

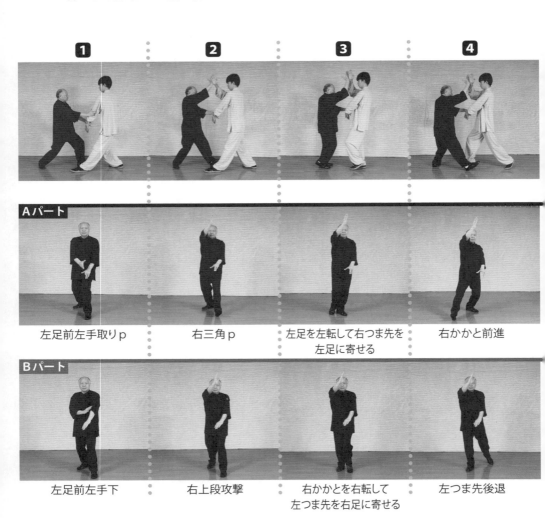

<左足前左手取りp[左足前左Tの肘下]=右三角p=**右野馬分鬃**>

　右手の平を上にして構えます。Bは右手をAの右手首にあてがい防御します。
　次にAは肩甲骨を左右に開き**右野馬分鬃**で構えます。この時Bは右足のつま先を上げて、右中段受けで防御します。

# 9 右螺旋回転

　Aは騎馬立ちで右野馬分鬃で構えます。この時Bは右つま先上げて右中段受けで防御します。

　この状態ではAが有利ですから、BはAの右手首を右フックして、反撃します。

　これに対しAは右足を右転させて右構えポジションで構えます。

　右構えポジションから「右螺旋回転パターン」の順番通りに右足前右手取りポジションまで動きます。この時Bは［右足前右Tの肘下］で受けます。

＜右野馬分鬃＝右構えＰ「**右螺旋回転**パターン」右足前右手取りＰ
［右足前右Ｔの肘下］＞

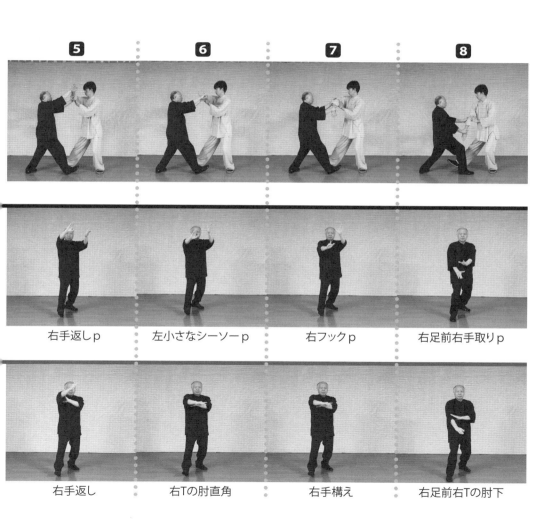

# 10 左野馬分鬃

　Aは右足前右手取りポジションで構えます。この時Bは［右足前右Tの肘下］で受けます。

　この状態はAが有利ですから、Bは反撃に転じて左手でAの上段を攻撃します。Aは左三角ポジションで防御します。

　次に、Aは、左つま先を右足に寄せ、Bの左手の上段攻撃をカバーするように、Bの右手をフックしたまま右手を上げます。

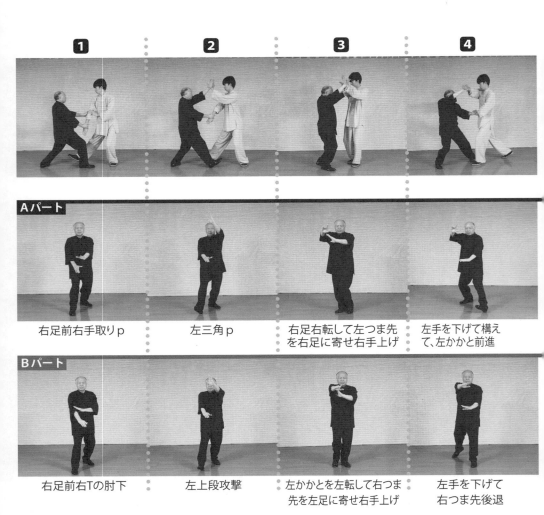

<右足前右手取りP［右足前右Tの肘下］＝左三角P＝右手上＝**左野馬分鬃**＞

　次に左手を下げて構え、左かかとを前進させ、左足を右転して腰を落として騎馬立ちで立ちます。この時Bも左手を下げて防御します。
　次にAは左手の平を上に向けて構え、肩甲骨を左右に開き**左野馬分鬃**で構えます。この時Bは左足のつま先を上げ、左中段受けで防御します。

# 11 白鶴亮翅

　AはBの右手の下から騎馬立ちで左野馬分鬃で構えます。Bは左つま先上げて左中段で受けます。

　この状態ではBの右肘が危険ですので、Aは左足を左転し、Bの右手を左三角ポジションで受けると同時に、右手でBの左手に貼りついて下に下げます。

　左三角ポジションから「右縦回転パターン」の順番で両手螺旋ポジションまで動く時、右足を左足に寄せ「左前」に立ちます。

＜左野馬分鬃＝左三角ｐ「右縦回転パターン」両手螺旋ｐ＝**白鶴亮翅**＞

　次に左手でＢの右手首をフックして下げると同時に、右手を外旋回から内旋回
させて右手がＢの左手の上にくるようにします。
　さらに右手をＢの右脇に差し込みます。この時Ｂは右Ｔの肘で受けます。
　次にＡは左足のかかとを上げて、右重心で、あたかも白鶴が右足重心で羽を今
にも広げるかのように立ちます。**白鶴亮翅**と言います。

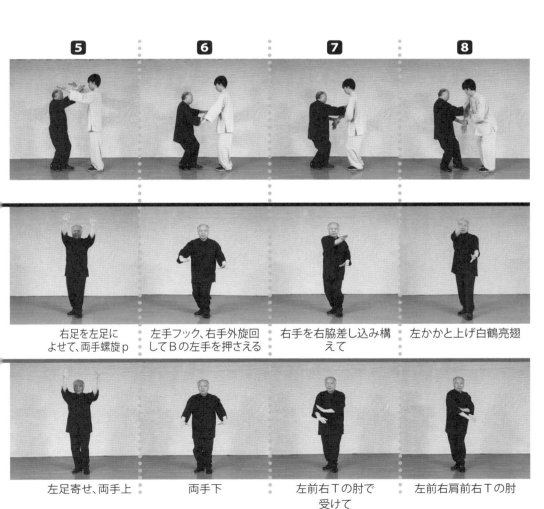

# 12 左内旋回

　Aは左かかと上げで白鶴亮翅で構え、Bは［左前右肩前右Tの肘］で受けます。この状態はAが有利ですから、Bは反撃に転じAの右手を取ります。

　これに対しAは右構えポジションで構えます。右構えポジションから「右螺旋回転パターン」の順番通りに左手の平ポジションまで続けます。

　次に左手をBの右手首の方向へスライドさせBの右手首をフックし、右手を返してBの左手にあてがいBの左手が下がるのに合わせるように左手を「内旋回」

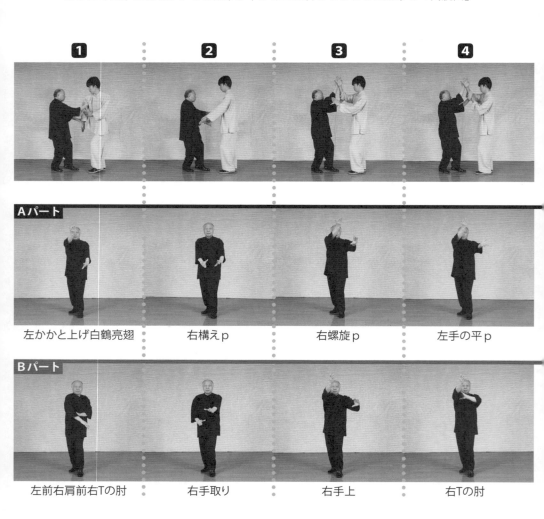

<白鶴亮翅＝右構えp「右螺旋回転パターン」左手の平p＝**左内旋回**>

させながら下に下ろします。
　Aは左前左内旋回で構え、Bは左前右Tの肘下で受けます。
＊「内旋回」については（5）の基本パターンの練習を参照してください。

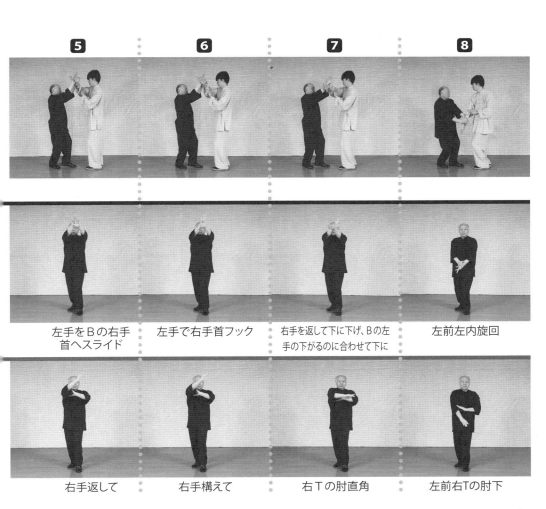

# 13 右搂膝拗歩

　AはBの右手首をフックして、左前左内旋回で構えます。Bは［左前右Tの肘下］で受けます。

　この状態はAが有利な状態ですので、Bは左手で上段攻撃で反撃します。これに対しAは右三角ポジションで防御します。

　次にAは左かかとを上げ、左かかとから前進し、右手をAの左手に粘りつけて後ろへ引き、Bの右手首をフックした左手を前に出し、Bの両手を前後に分けます。

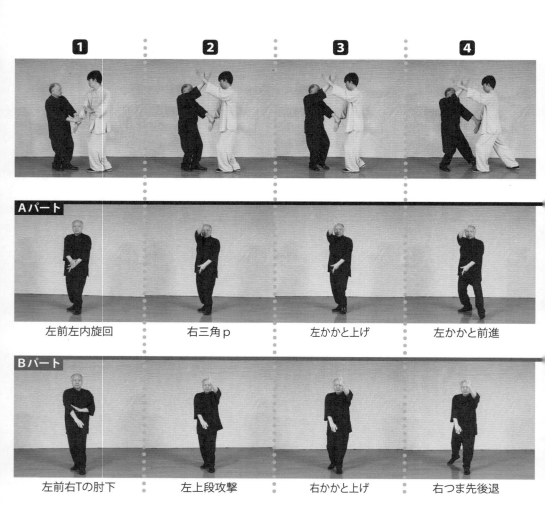

## ＜左前左内旋回［左前右Tの肘下］＝右三角P＝**右摟膝拗歩**＞

　Bの両手を前後に充分に分ける時、Bは不安定なので左手を引き戻そうとします。それに合わせて腰を落とし、左手を引きながら右手をBの顔面の方向へ構えます。

　これに対しBは左手をAの右手首の横にあてがい防御します。この動きはちょうど左手で膝を抱える如く、逆足の右手を推し出すので**右摟膝拗歩**と言います。Aが右摟膝拗歩で構え、Bは右つま先を上げて上段受けで防御します。

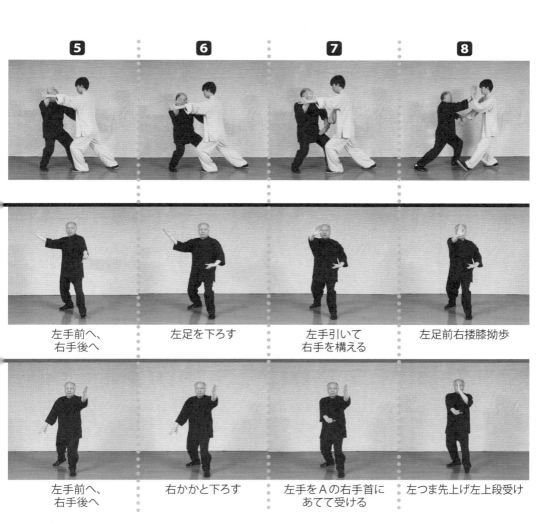

| 5 | 6 | 7 | 8 |
|---|---|---|---|
| 左手前へ、右手後へ | 左足を下ろす | 左手引いて右手を構える | 左足前右摟膝拗歩 |
| 左手前へ、右手後へ | 右かかと下ろす | 左手をAの右手首にあてて受ける | 左つま先上げ左上段受け |

# 14 右内旋回

　Aは左足前右摟膝拗歩で構え、Bは左つま先上げて右上段受けで防御します。この状態はAに有利なので、Bは右手を切返してAの左手首をフックして反撃します。

　これに対してAは左構えポジションで構えます。左構えポジションから「左螺旋回転パターン」の順番通りに動き右手の平ポジションまで続けます。

　次に右手の平をBの左手首までスライドさせ、Bの左手首を右手でフックして、

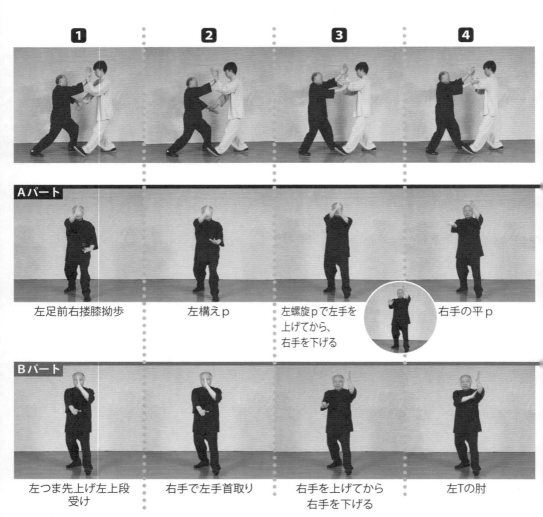

## ＜右摟膝拗歩＝左構えｐ「左螺旋回転パターン」右手の平ｐ＝**右内旋回**＞

左手を返し、Bの左手が下がるのに合わせ、さらに右手を内旋回させながら下に下ろします。**右内旋回**と言います。

　この時Aは左足前右内旋回で構え、Bは［左足前左Tの肘下］で防御します。

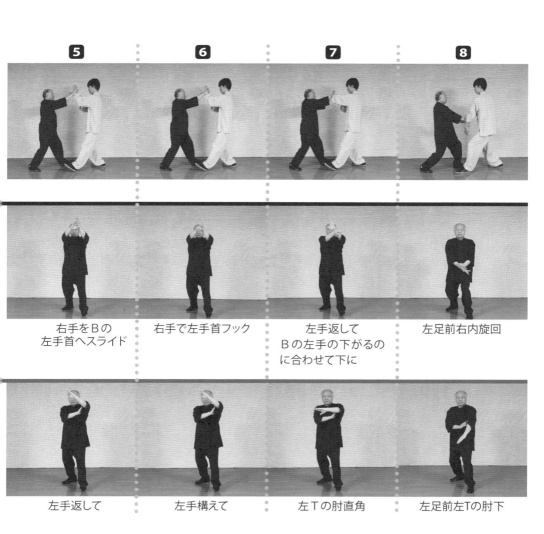

# 15 左摟膝拗歩

　Aは左足前右内旋回で構えます。この時、Bは［左足前左Tの肘下］で受けます。この状態はAに有利ですから、Bは右手でAの上段を攻撃します。

　これに対しAは左三角ポジションで防御します。

　次にAは右つま先を左足に寄せ、右かかと前進させて、左手をAの右手に粘りつけて後ろへ引き、Bの左手首をフックした右手を前に出します。

　Bの両手を前後に充分に分ける時、Bは不安定になるので引き戻そうとします。

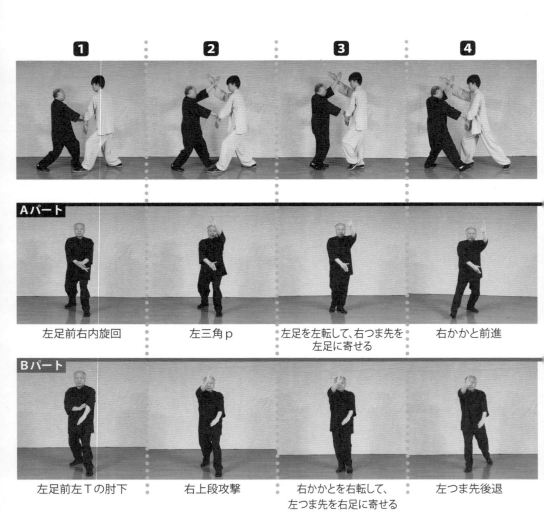

## ＜左足前右内旋回＝左三角ｐ＝**左搂膝拗步**＞

　それに合わせて腰を落として、右手を引きながら左手をＢの顔面の方向へ構えて推しだします。

　この時Ｂは右手をＡの左手首にあてがい防御します。これは右手で右膝を抱えるようにして、左手をＢの顔面の方向へ推し出すので**左搂膝拗步**と言います。

　次にＡが左搂膝拗步で構え、Ｂは左つま先を上げて右上段受けで防御します。

| 5 | 6 | 7 | 8 |
|---|---|---|---|
| 右手前へ<br>左手後へ | 腰を落として | 右手引いて左手を<br>前に構え | 右足前左搂膝拗步 |
| 右手前へ<br>左手後へ | 腰を落として | 右手で受け | 右つま先上げ右上段受け |

# 16 左内旋回

　Aは右足前左搂膝拗歩で構え、Bは右つま先上げ右上段で受けます。この状態はAに有利なので、Bは左手を切返してAの右手首をフックして反撃します。

　これに対してAは右構えポジションを取ります。

　右構えポジションから「右螺旋回転パターン」の順番で左手の平ポジションまで続け、左手の平をBの右手首までスライドさせます。

　次にBの右手首をフックし、さらに右手を返し、Bの右手が下がるのに合わせ、

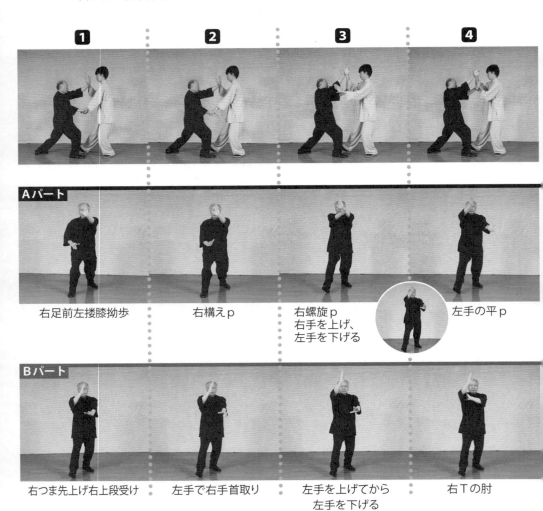

<左搂膝拗歩＝右構えp「右螺旋回転パターン」左手の平p＝**左内旋回**>

さらに**左内旋回**で下に下ろします。
この時Bは［右足前右Tの肘下］で受けます。

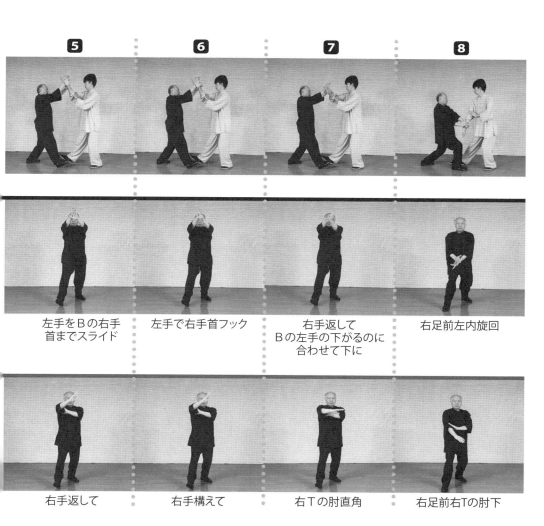

# 17 右摟膝拗歩

　Aは右足前左内旋回で構えます。Bは[右足前右Tの肘下]で受けます。この状態はAが有利な状態ですので、Bは左手で上段を攻撃します。

　これに対しAは右三角ポジションで防御します。

　次にAは左つま先を右足に寄せ、左かかとを前進させ、右手をBの左手に粘りつけ右手の充分に円回転させて前に反転します。

　この反転に合わせて、腰を落とし左手を引きながら、右手をBの顔面の方向へ

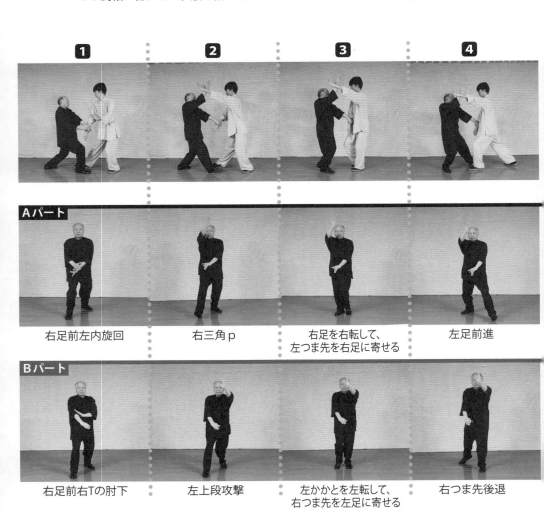

<右足前左内旋回＝右三角ｐ＝**右摟膝拗歩**＞

構えて、右摟膝拗歩で押し出します。
　この時Ｂは左つま先を上げて左手をＡの右手首に横からあてがって右上段受けで防御します。

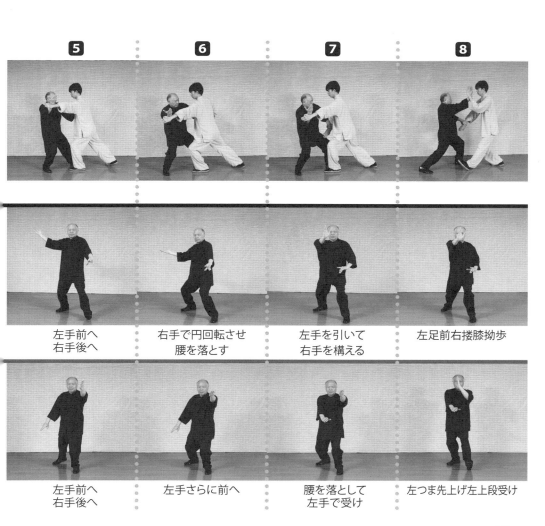

# 18 手揮琵琶

　Aは右捜膝拗歩で構えます。この時Bは左つま先上げ左上段受けで構えます。この状態はAに有利ですから、BはAの右手を取ります。

　これに対しAは右構えポジションで構えます。右構えポジションから「右螺旋回転パターン」の順番で右手返しポジションまで動きます。この時、Bの右手が下がるのに合わせて、右足を前に進めてBの右手をフックして、腰を落とします。

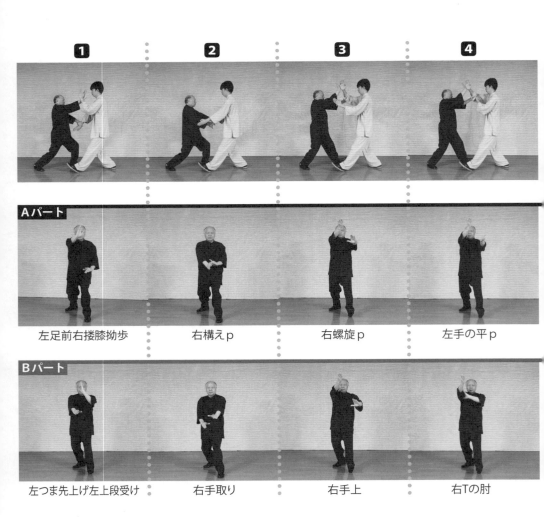

## ＜右摟膝拗歩＝右構えp「右螺旋回転パターン」右手返しp＝**手揮琵琶**＞

　次に左足を前進させ、左手をBの右肘にあてがい、あたかも琵琶を抱えるように前に構えます。**手揮琵琶**と言います。
　この時Bは胸を右に回して、右肩を後ろに引いて、左つま先上げ、右Tの肘で受けます。

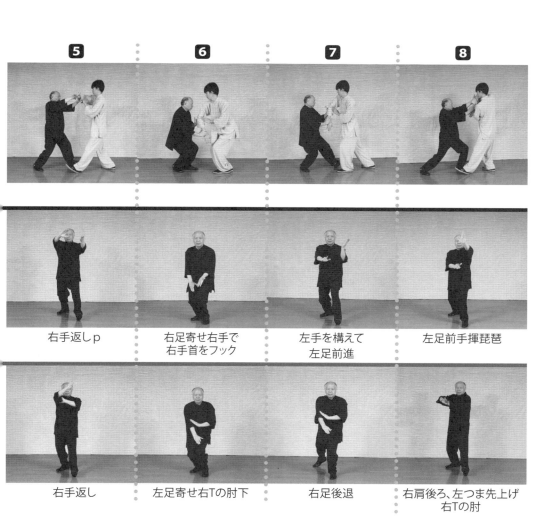

# 19 右縦回転

　Aは手揮琵琶で構え、Bは［左つま先上げ右Tの肘］受けで構えます。この状態はAに有利です。

　Bが左手で反撃する前にAは左三角ポジションでBの右手を上に上げると同時に右手をBの左手に貼りつけて下げます。

　左三角ポジションから「右縦回転パターン」の順番通りに動き左足前両腕ポジションまで動きます。この時Bも［左足前両腕］となります。

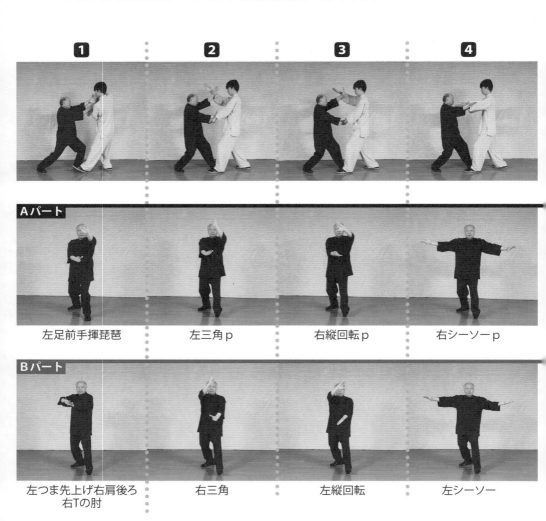

型編

<手揮琵琶＝左三角p「右縦回転パターン」左足前両腕p［左足前両腕］>

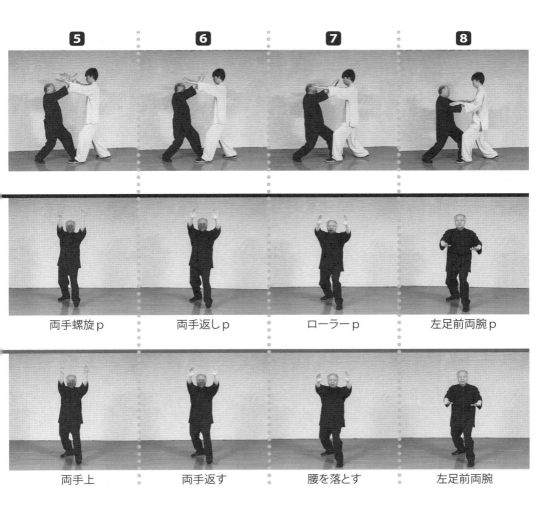

# 20 右倒撻猴

　ＡＢともに左足前両腕ポジションで構えます。このままでは膠着状態ですから、Ｂは左足を左に開いて左転し、両手で推し、左重心で右つま先を左足に寄せます。

　Ａは両肘を緩め右かかとを右転させ、真っ直ぐにして右重心で左つま先を右足に寄せます。次にＢは右かかと前進、右足下ろして右重心で両手でさらに推します。

　これに対しＡは左つま先から後退し、左足下ろして、左重心で胸を左に回し、

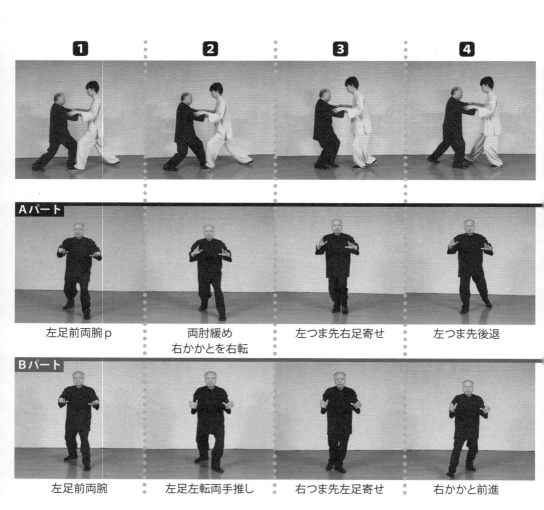

<左足前両腕ｐ［左足前両腕］=**右倒攂猴**＝右足前両腕ｐ［右足前両腕］>

右手を推して右上手投げの要領で右つま先を上げて構えます。この時Ｂは左つま先を上げて受けます。

　このＡの動きは猴がおどけて後退しながらでんぐり返しするが如く右手を推して構えるので**右倒攂猴**と言います。

　この状態ではＢは不安定になりますので、Ｂは［右足前両腕］に戻します。Ａも右足前両腕ポジションに戻します。

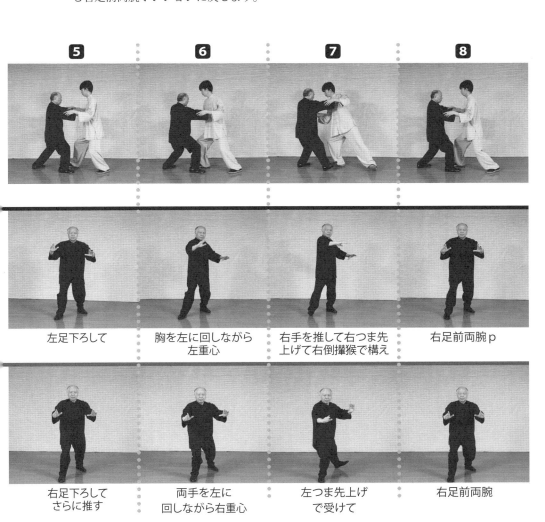

# 21 左倒撞猴

　　ＡＢともに右足前で両腕ポジションで構えます。このままでは膠着状態ですからＢは右つま先右に開いて両手で推し、右重心で左つま先を右足に寄せます。

　　Ａは両肘を緩め、左かかとを左転させて真っ直ぐにして、左重心で右つま先を左足に寄せます。次にＢは左かかと前進、左足下ろして左重心で、両手でさらに推します。

　　これに対しＡは右つま先を後退、右足を下ろして右重心で、胸を右に回し、左

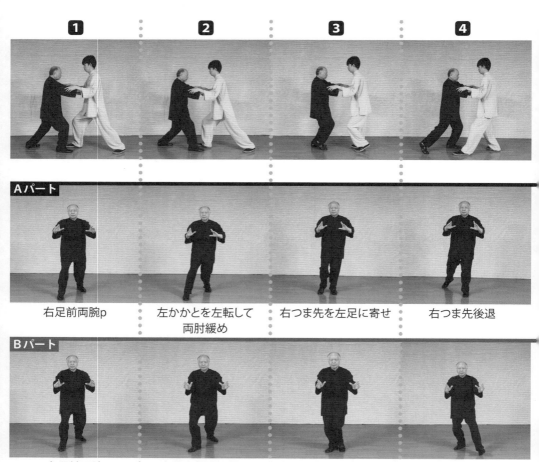

<右足前両腕p［右足前両腕］＝**左倒攆猴**＝左足前両腕p［左足前両腕］>

手を推して左上手投げの要領で左つま先を上げて構えます。

この時Bは右つま先を上げて受けます。Aの動きは左手を推して構えるので**左倒攆猴**となります。

この状態ではBは不安定になりますので、Bは左足前両腕に戻します。Aも左足前両腕ポジションに戻します。

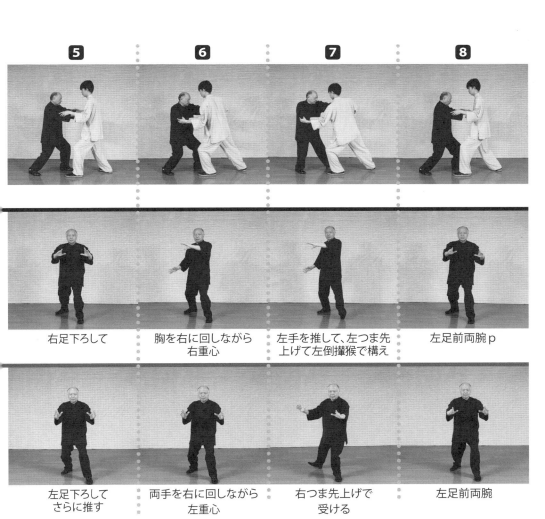

# 22 右倒攆猴

　ＡＢともに左足前で両腕ポジションで構えます。このままでは膠着状態ですから、Ｂは左つま先を左足を左転して両手で推し、右つま先を左足に寄せます。

　これに対しＡは両肘を緩め右かかとを右転して、足を真っ直ぐにして、右重心で左つま先を右足に寄せます。

　次にＢは右かかと前進、右足下ろして右重心でさらに両手で推します。

　これに対しＡは左つま先を後退、左足下ろして左重心で、胸を左に回し、反転

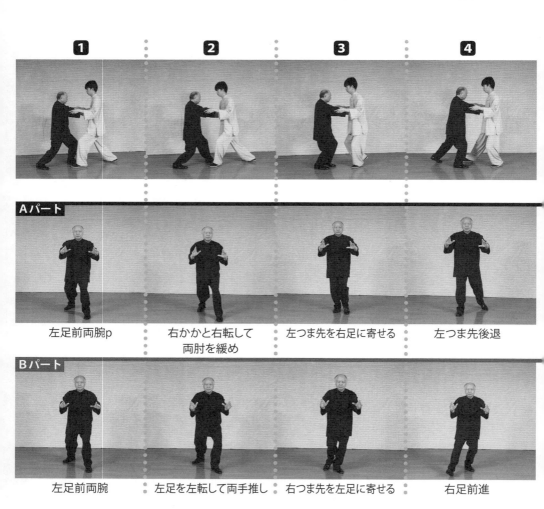

<左足前両腕ｐ［左足前両腕］＝**右倒攆猴**＝右足前両腕ｐ［右足前両腕］＞

して右手を引いて、右下手投げの要領で右つまさきを上げて構えます。右手を引いて構えるので**右倒攆猴**となります。

Ｂは左手を前に出して右つま先を上げて受けます。

この状態ではＢは不安定になりますので、Ｂは右足前両腕に戻します。Ａも右足前両腕ポジションに戻します。

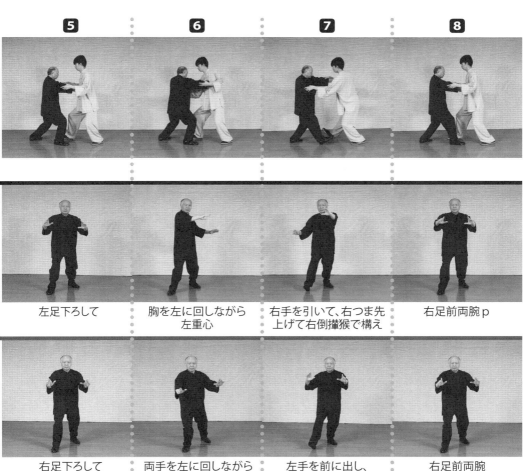

# 23 左倒攆猴

　ＡＢともに左足前で両腕ポジションで構えます。このままでは膠着状態ですから、Ｂは右足右転して両手で推し、左つま先をを右足に寄せます。

　Ａは左足右転して両肘を緩め、左かかとを右転して真っ直ぐにして、左重心で右つま先を左足に引き寄せます。次にＢは左かかと前進、左足下ろして、左重心で両手でさらに推します。

　これに対しＡは右つま先を後退、右足下ろして右重心で胸を右に回し、反転し

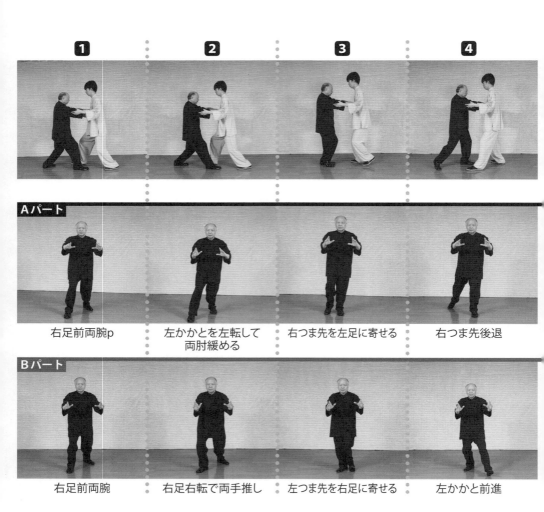

<右足前両腕ｐ［右足前両腕］＝**左倒攆猴**＝左足前両腕ｐ［左足前両腕］>

て左手を引いて左下手投げの要領で左つまさきを上げて構えます。この時左手を引いて構えるので**左倒攆猴**となります。

　Ｂも右手を前に出し、左つま先を上げます。この状態ではＢは不安定になりますのでＢは左足前両腕に戻します。

　Ａも左足前両腕ポジションに戻します。

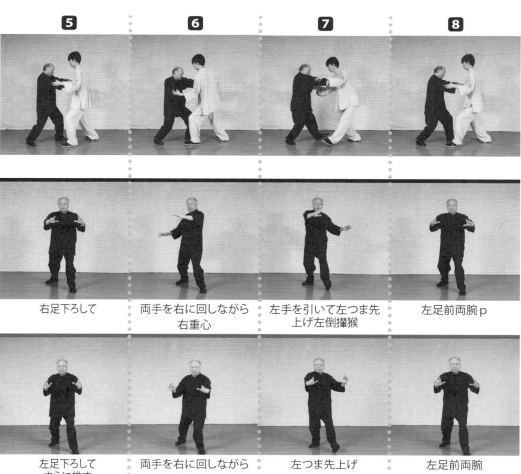

# 24 左懶扎衣

　ＡＢともに左足前両腕ポジションで構えます。このままでは膠着状態ですから、Ｂは右手でＡの左手を下方へ推します。Ａは左構えポジションに構えます。

　次にＡは左つま先を引き寄せてから、左かかとを前進させ、左足下ろして右重心で左手の平を上にして構えます。

　この時Ｂは右手をＡの左手首にあてがい防御します。

　この動きは左手をあたかも長い着物の裾を束ねておもむろに構えるように出す

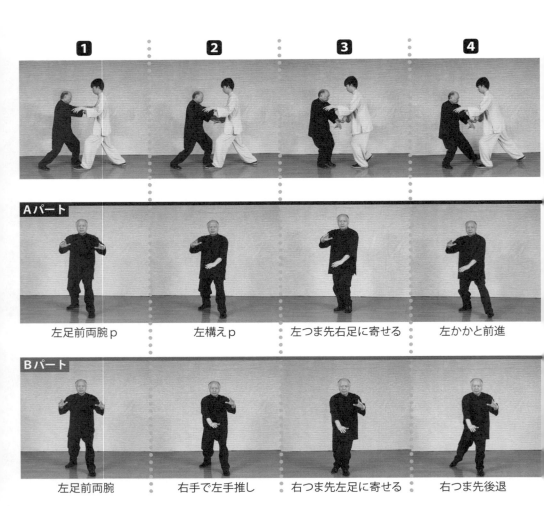

<左足前両腕ｐ［左足前両腕］＝左構えｐ＝**左懶扎衣**>

ので**左懶扎衣**と言います。
　Aが左懶扎衣で構え、Bは左つま先を上げて右中段受けで防御します。

# 25 左攬雀尾

　Aは左懶扎衣で構えます。Bは左つま先上げて右中段受けで防御します。この状態はAに有利ですから、BはAの左手首を右手でフックします。

　これに対しAは左構えポジションで構え、右手をAの左手首の下から差し込み、外旋回させ、Bの右手首をフックすると同時に左手をBの右腕にあてがいます。

　これに対しBは右Tの肘で防御します。次にAは左手首に右手を合わせます。ちょうど雀の尻尾のように構えるので**左攬雀尾**と言います。

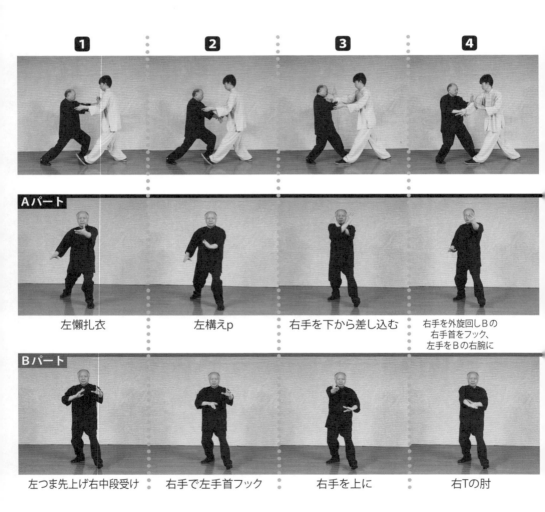

## ＜左懶扎衣＝左構えｐ＝**左攬雀尾**＞

これに対しＢは左つま先を上げて、右Ｔの肘を直角にして防御します。

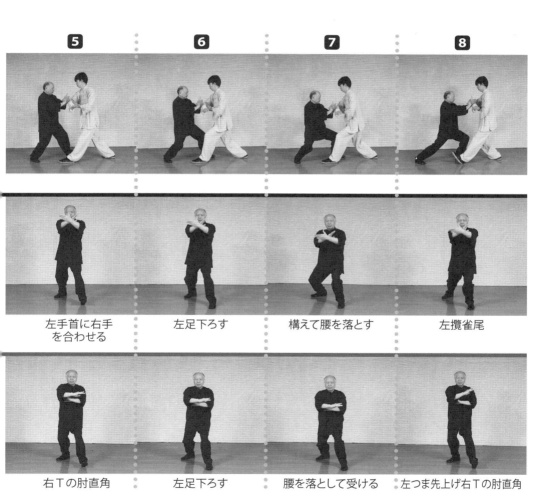

# 26 左縦回転

　Aは左攬雀尾で構えます。Bは右Tの肘を直角にして、左つま先を上げて受けます。

　この状態はAに有利ですから、Bは左手でAの上段を攻撃します。これに対しAは右三角ポジションで防御します。

　右三角ポジションから「左縦回転パターン」の順番で動き、左足前両腕ポジションまで動きます。この時Bも［左足前両腕］となります。

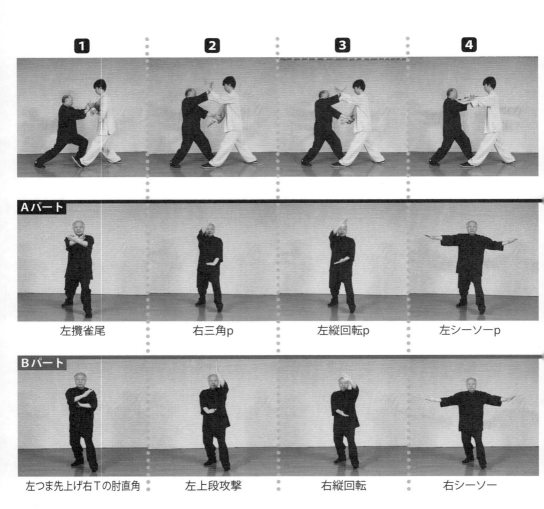

型編

<左攬雀尾＝右三角ｐ「**左縦回転**パターン」左足前両腕ｐ［左足前両腕］＞

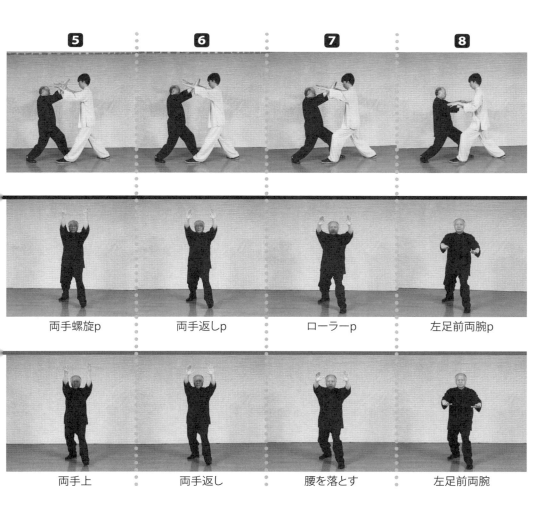

# 27 右円回転

　ＡＢともに左足前両腕ポジションで構えます。このままでは膠着状態ですから、ＢはＡの両腕を推します。

　Ａは両肘を緩め、Ｂのエネルギーの方向を誘導するように胸を右に回して右円回転します。この動作を**右円回転**と言います。

　右円回転で誘導した力の方向を右重心から、反転させ、腰を落として両手を構え、Ｂを両手で推します。これに対しＢは左つま先を上げて受けます。

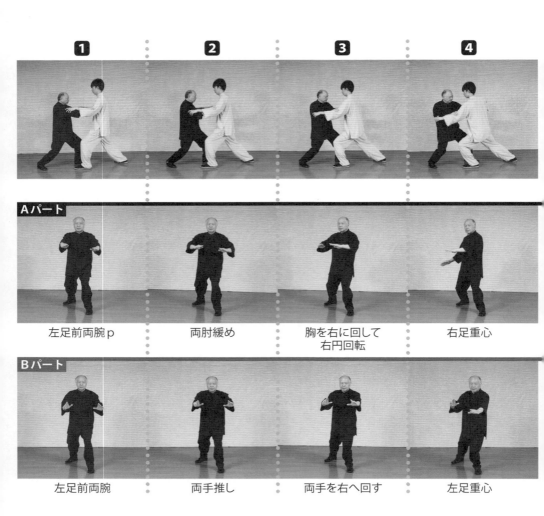

＜左足前両腕ｐ［左足前両腕］＝**右円回転**＝左足前両腕ｐ［左足前両腕］＞

　この状態ではＢは不安定ですから、Ｂは左足前両腕に戻します。Ａも左足前両腕ポジションに戻します。

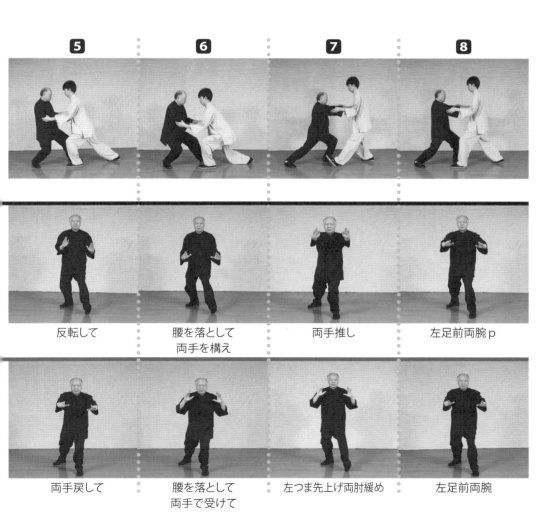

# 28 右螺旋回転

　ＡＢともに左足前両腕ポジションで構えます。このままでは膠着状態になりますからＢはＡの右手を取ります。これに対しＡは右構えポジションで構えます。
　右構えポジションから「右螺旋回転パターン」の順番で動き、左足前右手取りポジションまで動きます。この時Ｂは、［左足前右Ｔの肘下］で受けます。

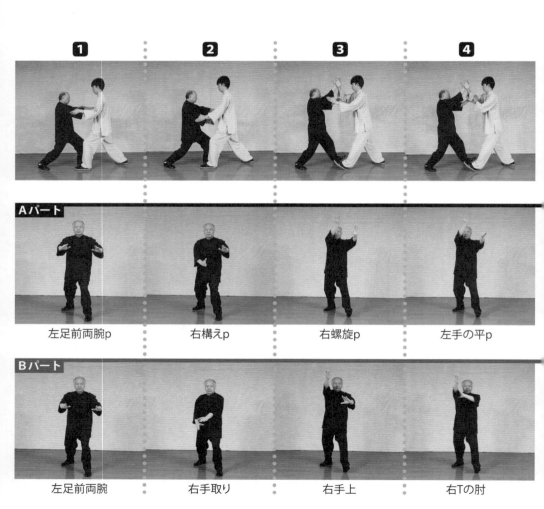

＜左足前両腕ｐ［左足前両腕］＝右構えｐ「**右螺旋回転**パターン」
左足前右手取りｐ［左足前右Ｔの肘下］＞

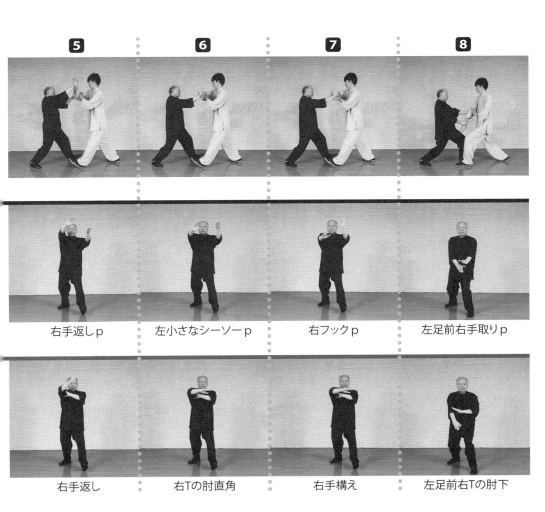

# 29 左肘回転

　Aは左足前右手取りポジションで構えます。Bは［左足前右Tの肘下］で受けます。この状態はAに有利ですから、Bは左手でAの上段を攻撃します。

　これに対してAは左三角ポジションで受け、左手をBの右腕にあてがい左足を左転します。Bは左つま先を左に開いて左Tの肘で受けます。

　次にAは右足を後退させます。これに対しBは右つま先を左足に寄せます。さらにAは左肘をくぎ抜きのように回転させてBを前方に動かします。

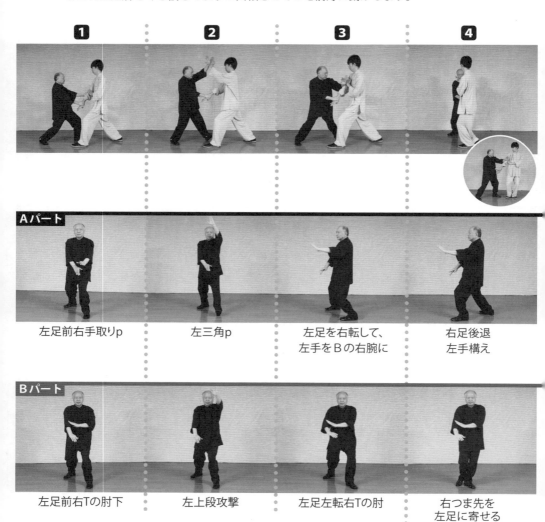

＜左足前右手取りp［左足前右Tの肘下］＝左三角p＝**左肘回転**＝右前右手取りp［右前右Tの肘下］＞

　この動きを**左肘回転**と言います。これに対しBは右足をAの右足のそばに下ろします。

　さらにAが左手の平をBの右肘にあてがいます。この時Bは左足を約135度に下ろします。

　お互いに右かかとを上げて右足を左足に寄せ、右前で立ちます。Aは右前右手取りポジションになります。Bは［右前右Tの肘下］となります。

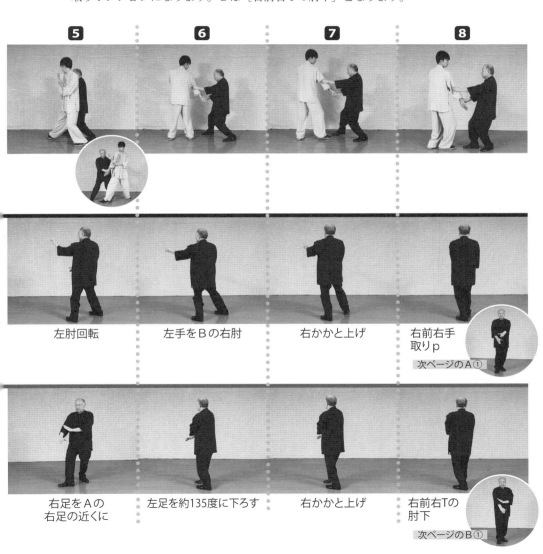

# 30 右縦回転

　Aは右前右手取りポジションで構えます。Bは［右前右Tの肘下］で受けます。
　この場合Aが有利ですので、Bが左手で攻撃してくる前に、右足を前進させBの右手を左三角ポジションで受けると同時に、右手をBの左手に貼りつけ下に下げます。
　次に左三角ポジションから「右縦回転パターン」の順番で動き、右足前両腕ポジションまで動きます。Bも［右足前両腕］となります。

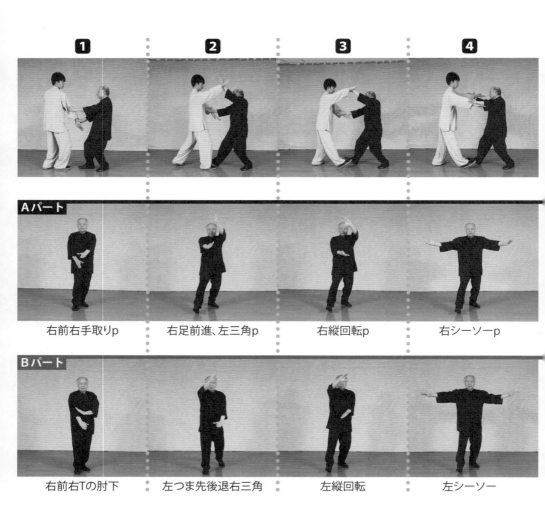

＜右前右手取りp［右前右Ｔの肘下］＝左三角p「**右縦回転**パターン」右足前両腕p［右足前両腕］＞

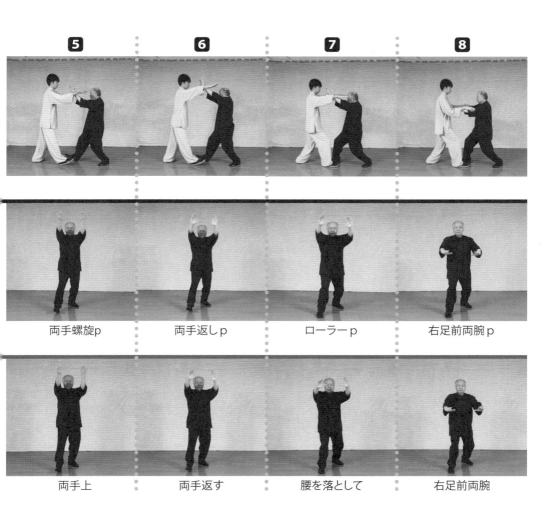

# 31 右懶扎衣

　ＡＢともに右足前両腕ポジションで構えます。このままでは膠着状態ですからＢは左手でＡの右手を下方へ推します。

　Ａは推された右手の指に神経を巡らせて、右構えポジションを取ります。

　次にＡは右つま先を左足に寄せ、右かかとを前進させ、右足下ろして左重心で右手の平を上にして構えます。

　この時Ｂは右手をＡの左手首にあてがって防御します。この動きはあたかも長

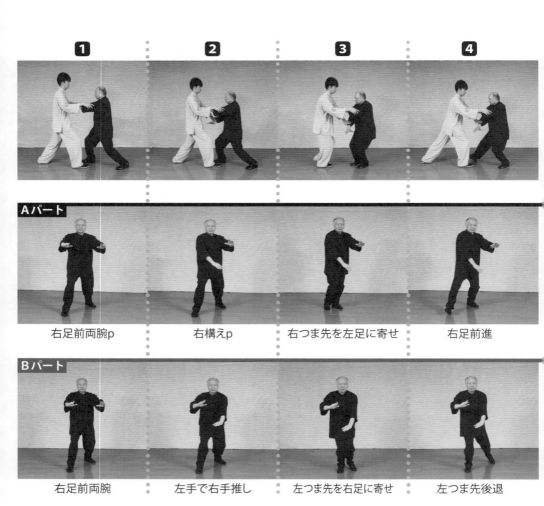

<右足前両腕ｐ［右足前両腕］＝右構えｐ＝**右懶扎衣**>

い着物の裾をおもむろに束ねるかのように右手を構えるので、右懶扎衣と言います。

　　Aは右懶扎衣で構え、Bは右つま先を上げて左中段受けで防御します。

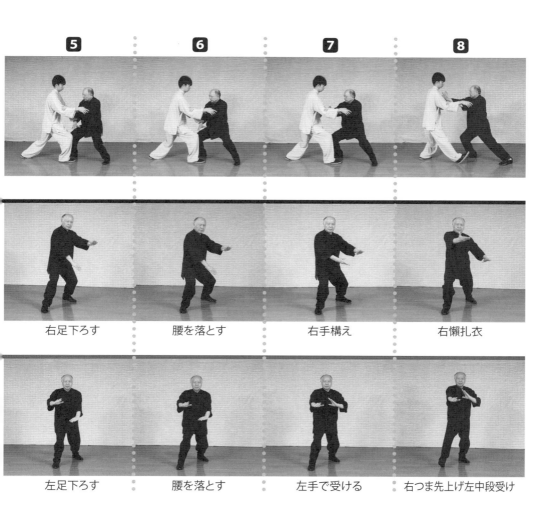

# 32 右攬雀尾

　Aは右懶扎衣で構えます。Bは右つま先上げ左中段受けで構えます。この状態はAに有利ですから、BはAの右手首を左手でフックします。

　これに対しAは右構えポジションで構え、左手をBの左手首の下から差し込み外旋回させます。

　Bの左手首をフックすると同時に右手をBの左腕にあてがいます。これに対しBは左Tの肘で防御します。

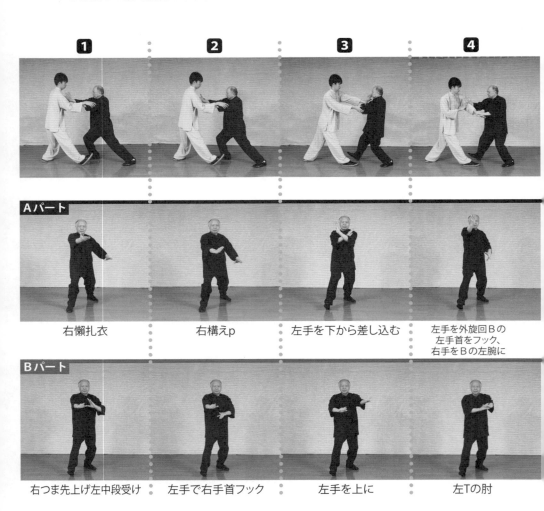

## <右懶扎衣＝右構えｐ＝左螺旋ｐ＝**右攬雀尾**>

次にＡは右手の手首に左手の手刀を合わせます。ちょうど雀の尻尾のように構えるので**右攬雀尾**と言います。

これに対しＢは左つま先を上げて、［右Ｔの肘を直角］して防御します。

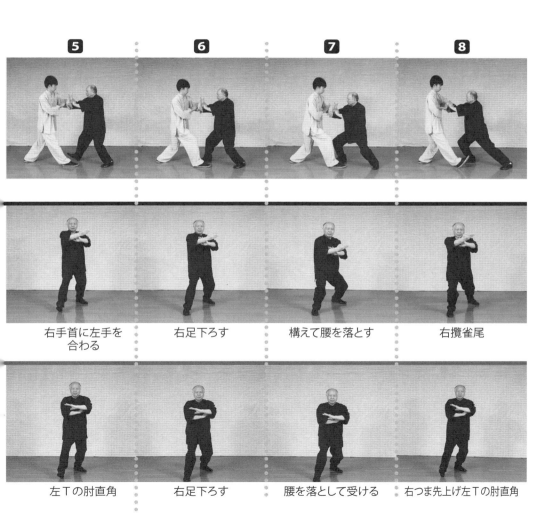

# 33 右縦回転

　Aは右攬雀尾で構えます。Bは右つま先上げ右Tの肘直角で防御します。この状態はAに有利ですから、Bは右手でAの上段を攻撃します。

　これに対しAは左三角ポジションで受けます。

　左三角ポジションから「右縦回転パターン」の順番で右足前両腕ポジションまで動きます。この時Bも［右足前両腕］となります。

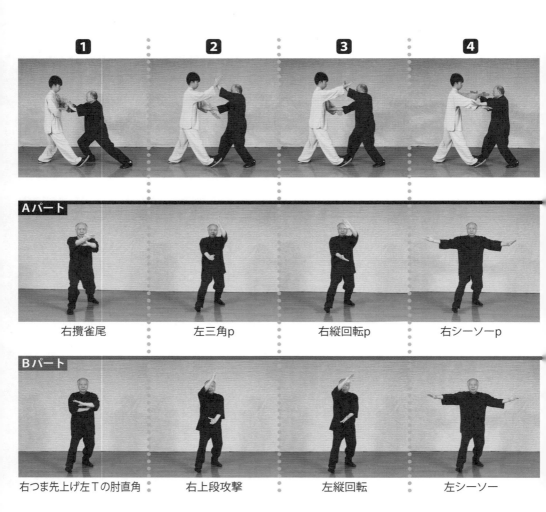

<右攬雀尾＝左三角ｐ「**右縦回転**パターン」右足前両腕ｐ［右足前両腕］>

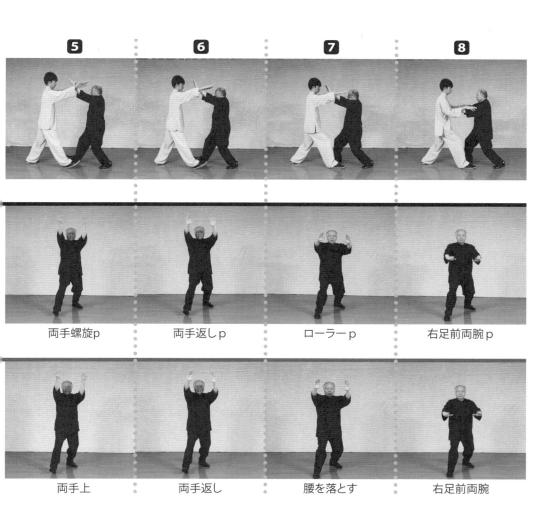

# 34 左円回転

　ＡＢともに右足前両腕ポジションで構えます。このままでは膠着状態ですから、ＢはＡの両腕を推します。

　Ａは両肘を緩め、Ｂのエネルギーの方向を誘導するように胸を左に回して左円回転します。**左円回転**と言います。

　次に左足重心から、反転して、両手を構えて腰を落として、Ｂを両手で推します。これに対しＢは左つま先を上げて受けます。

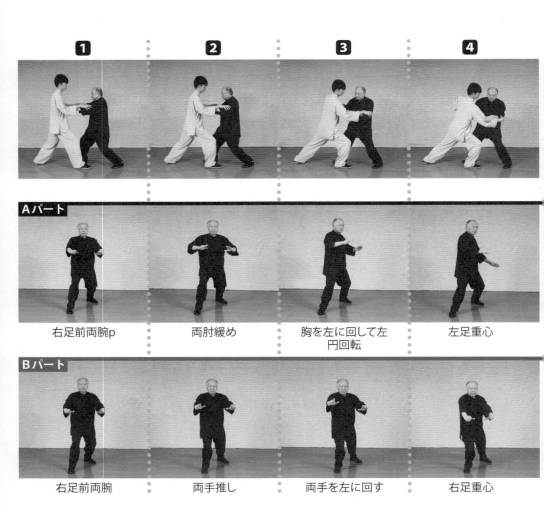

<右足前両腕p［右足前両腕］=**左円回転**=右足前両腕p［右足前両腕］>

　この状態ではBは不安定ですから、Bは右足前両腕に戻します。Aも右足前両腕ポジションに戻します。

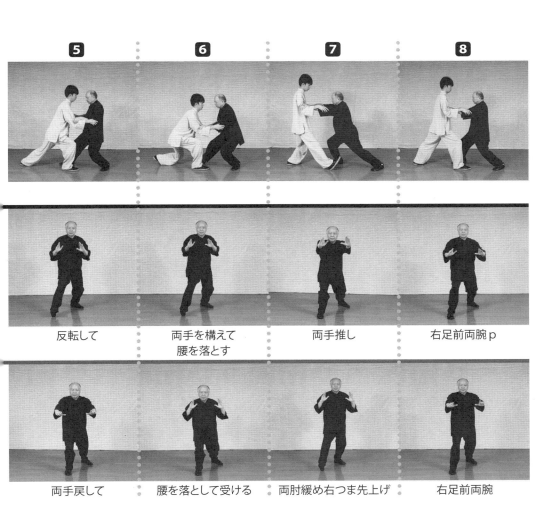

# 35 左螺旋回転

　ＡＢともに右足前両腕ポジションで構えます。このままでは膠着状態になりますから、ＢはＡの左手を取ります。

　これに対しＡは左手の指先に神経を通して左構えポジションを取ります。

　Ａは左構えポジションから「左螺旋回転パターン」の順番で右足前左手取りポジションまで動きます。この時Ｂは［右足前左Ｔの肘下］で受けます。

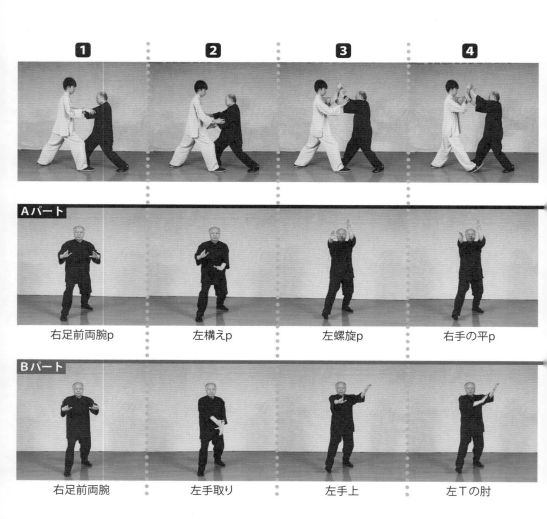

＜右足前両腕 p ［右足前両腕］＝左構え p「左螺旋回転パターン」右足前左手取り p ［右足前左 T の肘下］＞

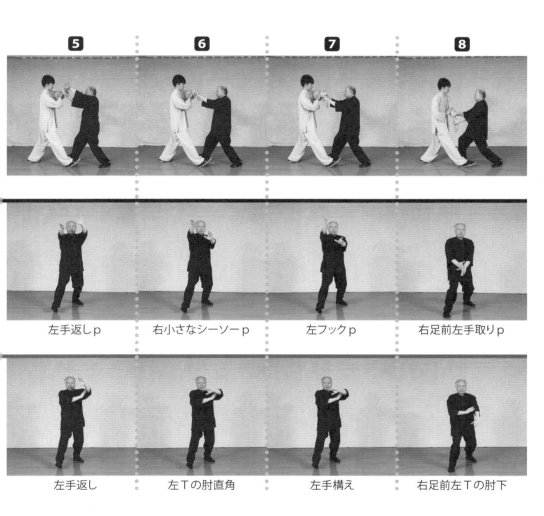

# 36 右肘回転

　Aは右足前左手取りポジションで構え、Bは［右足前左Tの肘下］で受けます。この状態はAに有利ですから、Bは右手でAの上段を攻撃します。

　これに対してAは右三角ポジションで受け、右手をBの左腕にあてて右足を右転します。これに対しBは右足を右に開いて左Tの肘で受けます。

　次にAが左足を後退させます。これに対しBは右足に左つま先を寄せます。さらにAは右肘でくぎ抜きのようにBを前方に動かします。

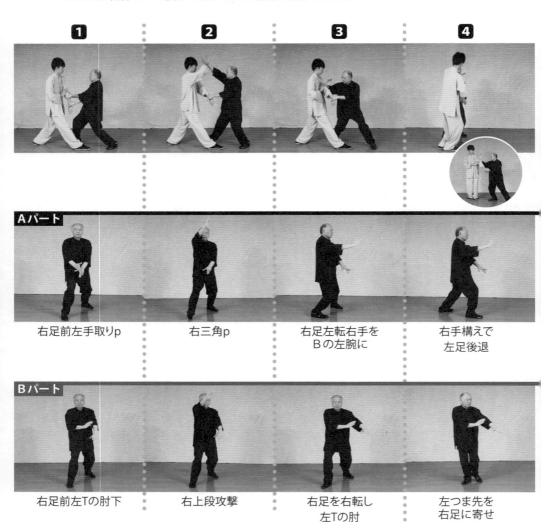

<右足前左手取りp［右足前Tの肘下］＝右三角p＝**右肘回転**＝左前左手取りp［左前左Tの肘下］＞

　この動きを**右肘回転**と言います。
　これに対しBは左足をAの左足のそばに下ろします。さらにAがBの左肘を取ってきたら、Bは右足を約135度になるように下ろします。
　お互いに左かかとを上げて左足を右足に寄せ左前で立ちます。Aは左前左手取りポジションで構えます。Bは［左前左Tの肘下］で受けます。

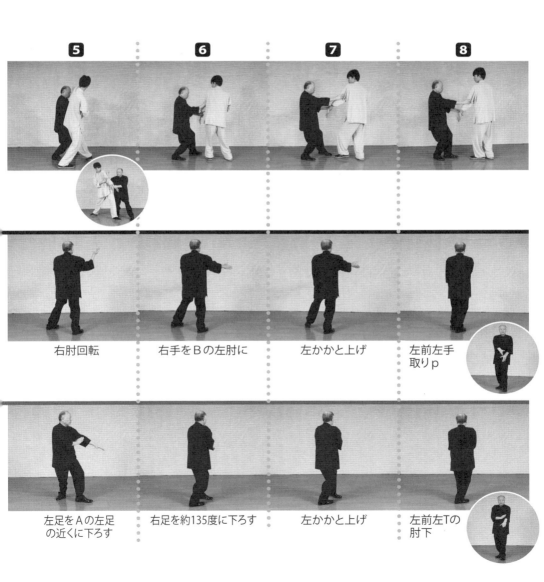

# 37 左縦回転

　Aは左前左手取りポジションで構えます。Bは［左前左Tの肘下］で受けます。
　この状態はAが有利ですので、Bが攻撃してくる前に左足を前進して右三角ポジションで右手を上げると同時に左手でBの右手に貼りつけて下に下げます。
　右三角ポジションから「左縦回転パターン」の順番で左足前両腕ポジションまで動きます。この時Bも［左足前両腕］となります。

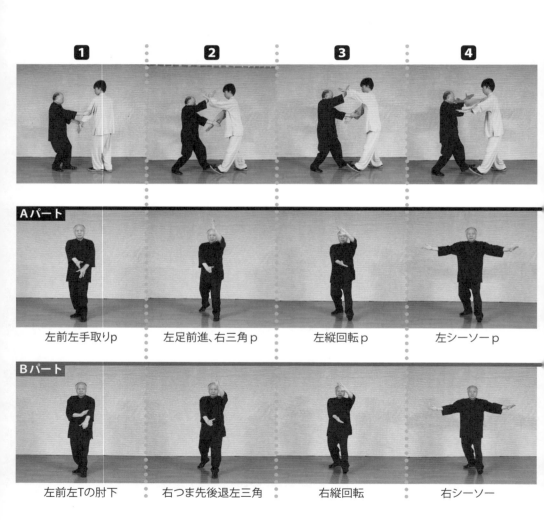

＜左前左手取りp［左前左Tの肘下］＝右三角p「**左縦回転**パターン」左足前両腕p
［左足前両腕］＞

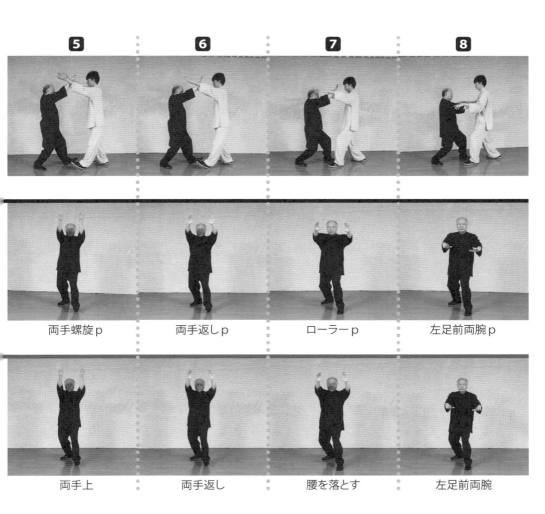

# 38 左単鞭

　ＡＢともに左足前両腕ポジションで構えます。このままでは膠着状態になりますから、Ｂは右手でＡの左手首をフックし、さらに右足を左足に寄せて右手を推します。

　これに対しＡは左構えポジションで構え、続けて左つま先を右足に寄せて左螺旋ポジションを取ります。

　次にＡは右手でＢの左手首をフックし、左手を外旋回させて、左かかとから前

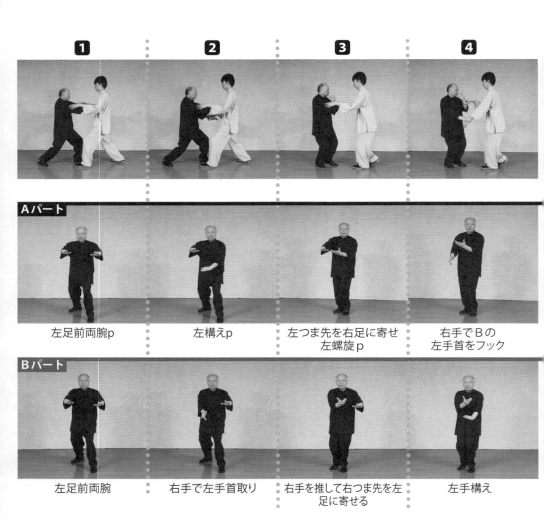

型編

<左足前両腕p［左足前両腕］＝左構えp＝左螺旋p＝**左単鞭**>

進して、腰を落とし左手をあたかも鞭の如くBの顔面の方向へ推し出します。
　**左単鞭**と言います。
　Bは左つま先を上げてAの左手首に右手刀をあてがって受けます。
　Aは左単鞭で構え、Bは左つま先を上げて右上段受けで防御します。

# 39 左螺旋回転

　Aは左単鞭で構えます。Bは左つま先上げ右上段受けで構えます。この状態はAが有利ですから、Bは右手でAの左手首をフックします。

　これに対しAは左構えポジションから「左螺旋回転パターン」の順番通りに動き右小さなシーソーポジションで左足を右転させます。

　続けて右フックポジション、開脚左手取りポジションまで動きます。この時Bは［開脚左Tの肘下］で受けます。

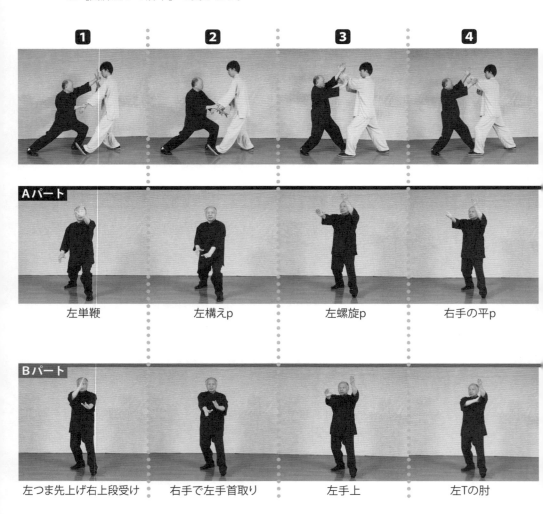

型編

<左単鞭＝左構えp「**左螺旋回転**パターン」開脚左手取りp［開脚左手Tの肘下］>

# 40 雲手

　Aは開脚左手取りポジションで構えます。Bは［開脚左Tの肘下］で受けます。この状態はAに有利ですから、Bは右手でAの上段を攻撃します。

　これに対しAは右三角ポジションで受け、さらに左手をB左手首をフックしたまま上に上げます。

　さらに、Bの右手を左三角ポジションで受け替えると同時に右手をBの左手に貼りつけて下に下げます。

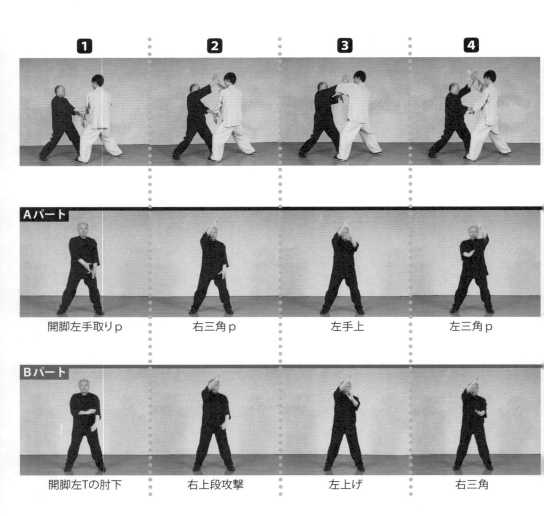

<開脚左手取りp［開脚左Tの肘下］＝右三角p＝左手上＝左三角p「右縦回転パターン」右シーソーp＝雲手>

　左三角ポジションから「右縦回転パターン」の順番通りに動き右シーソーポジションで右足を左足に寄せます。

　次に左手でBの右手をフックして下げ、右手の平をAの左顔面に方向へ推しだします。

　左手と右手をあたかも雲の流れのように動かすので雲手と言います。これに対しBは左手刀をAの右手首にあてがって閉脚で左上段受けで防御します。

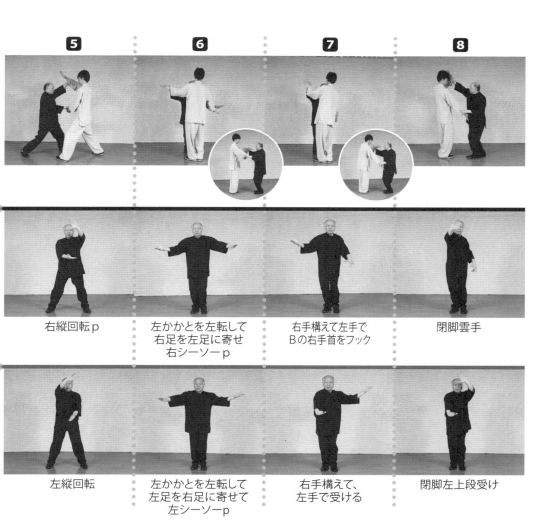

# 41 左螺旋回転

　Aは閉脚で雲手で構えます。Bは閉脚で左上段受けで防御します。

　この状態はAに有利ですから、Bは左手でAの右手首をフックして手を下に下げると同時に右手を切返して右手でAの左手首をフックします。

　これに対しAは両手構えポジションで構えます。両手構えポジションから「左螺旋回転パターン」の順番で左螺旋ポジションと続けます。

　左螺旋ポジションで左足を左に開き、「左螺旋回転パターン」の順番通りに動

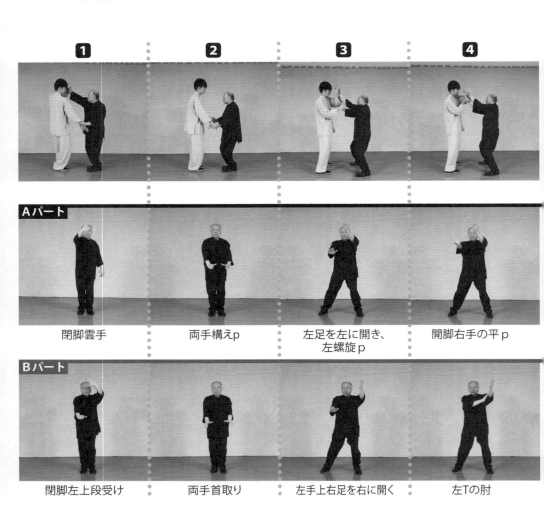

＜雲手＝両手構えp「**左螺旋回転**パターン」開脚左手取りp［開脚左Ｔの肘下］＞

いて、開脚左手取りポジションまで動きます。
　この時Ｂは［開脚左Ｔの肘下］で受けます。

# 42 雲手

　Aは開脚左手取りポジションで構えます。Bは［開脚左Tの肘下］で構えます。この状態はAに有利ですから、Bは右手でAの上段を攻撃します。

　これに対しAは右三角ポジションで防御し、さらに左手をB左手首をフックしたまま、左三角ポジションでBの右手を受け、右手をBの左手に貼りつけて下げます。

　左三角ポジションから「右縦回転パターン」の順番通りに動き右シーソーポジ

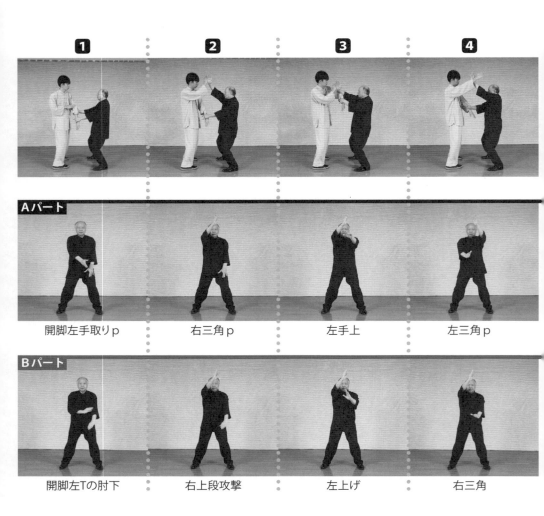

<開脚左手取りp［開脚左Tの肘下］＝右三角p＝左手上＝左三角p「右縦回転パターン」
右シーソーp＝**雲手**＞

ションで右足を寄せます。

　次に左手でBの右手をフックし引き下げ、右手をAの左肘にあてがい、推し上げます。

　この動きも左手を下げて右手を上げるように手を動かすので**雲手**と言います。

これに対しBは左肘を直角にして防御します。

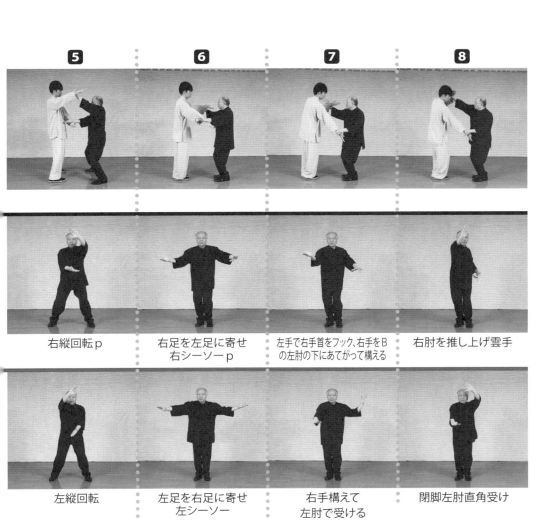

# 43 左螺旋回転

　Aは閉脚で雲手で構えます。Bは閉脚で左肘直角受けで構えます。
　この状態はAに有利ですから、Bは左手でAの右手首をフックして下げると同時に右手を切返してAの左手首をフックします。
　これに対しAは両手構えポジションで構えます。
　両手構えポジションから左螺旋ポジションと続けて左足を後退させ、「右螺旋

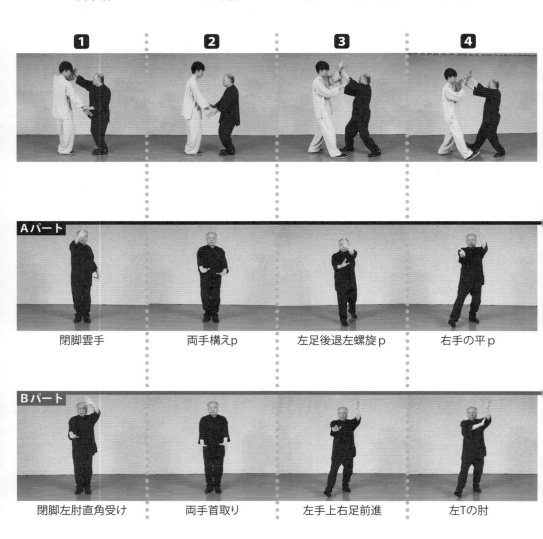

＜雲手＝両手構えp「**左螺旋回転**パターン」左前左手取りp［左前Tの肘下］＞

回転パターン」の順番で、右小さなシーソーポジションで右足を左転します。
　続けて左フックポジションで左かかとを上げて左足を右足に寄せて、左前左手取りポジションで収めます。この時Bは［左前左Tの肘下］で受けます。

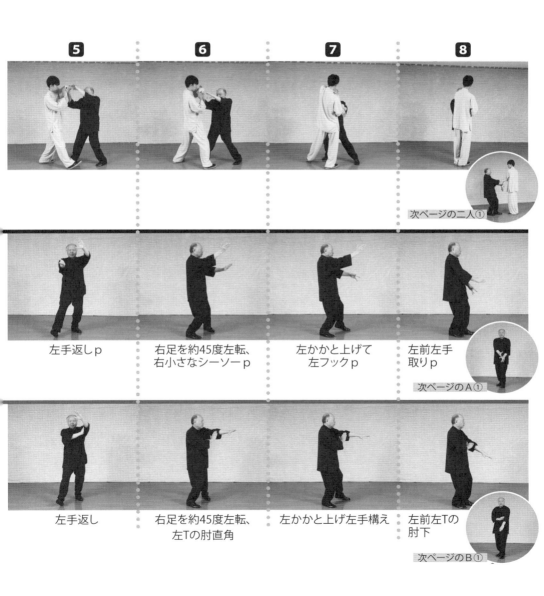

# 44 雲手

　Aは左前左手取りポジションで構えます。Bは［左前左Tの肘下］で受けます。この状態はAに有利ですから、Bは右足を後退しながら右手で上段を攻撃します。

　これに対しAは左足を前進させ右三角ポジションで受け、さらにBの右手首をフックした左手を上に上げます。

　続けてBの右手を左三角ポジションで受け替えると同時に、右手をBの左手に貼りつけ下に下げます。

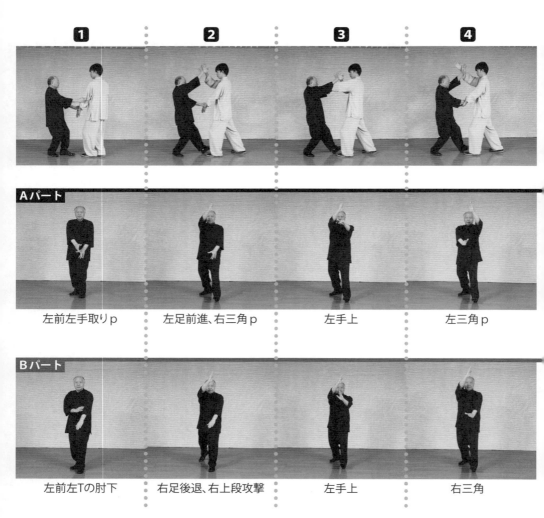

＜左前左手取りp［左前左Tの肘下］＝右三角p＝左手上＝左三角p「右縦回転パターン」右シーソーp＝雲手＞

　左三角ポジションから「右縦回転パターン」の順番通りに動き、右シーソーポジションで右足を前進させ左前で立ちます。

　続けて左手でBの右手首をフックして下げ、右手の平をBの左顔面の方向へ推しだして雲手で構えます。

　これに対しBは左足を後退させて左前で左手刀をAの右手首にあてがって、左上段受けで防御します。

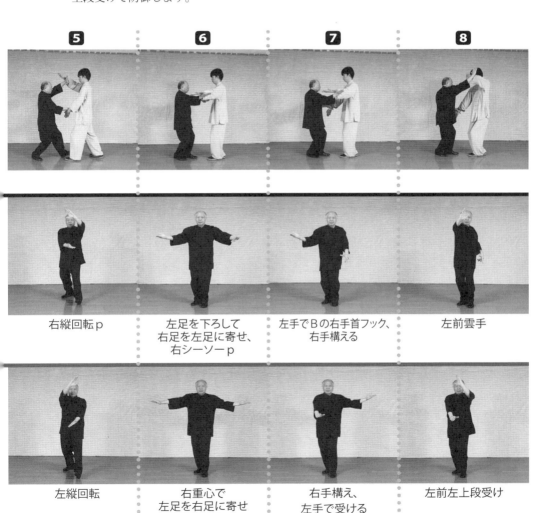

# 45 左単鞭

　Aは雲手で構えます。Bは左上段受けで構えます。

　この状態はAに有利ですから、Bは左手でAの右手首をフックすると同時に右手を切返してAの左手首をフックします。これに対しAは両手構えポジションで構えます。

　次にBはAの右手をフックしたまま右かかとを上げて推します。これに対しAは左螺旋ポジションで左かかとを上げ、右手を切返してBの左手首をフックしま

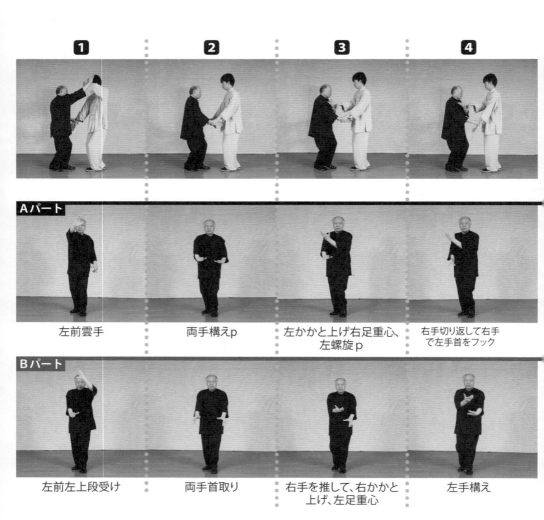

## <雲手＝両手構えp「左螺旋回転パターン」左螺旋p＝**左単鞭**>

す。
　次に左手を外旋回させ、左足を前進させ左手をBの顔面の方向へ向け**左単鞭**で構えます。
　これに対しBは左つま先を上げAの左手首に右手刀をあてがって右上段受けで防御します。
＊左単鞭については38を参照してください。

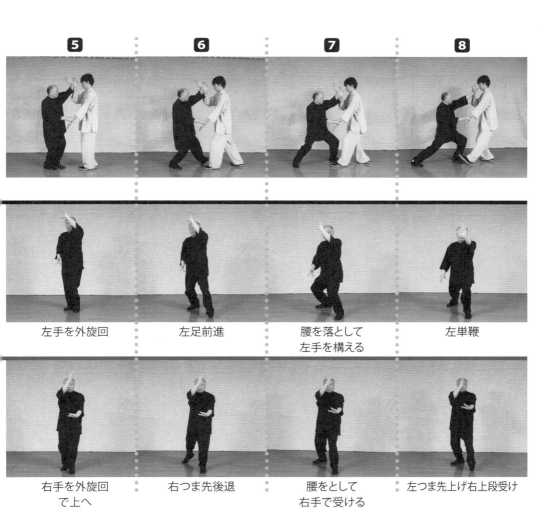

# 46 高探馬

　Aは左単鞭で構えます。Bは左つま先上げ右上段受けで構えます。この状態はAが有利ですから、Bは右手でAの左手首をフックして反撃します。

　これに対しAは左構えポジションから「左螺旋回転パターン」の順番通りに動き、左返しポジションでBの左手が下がるのに合わせて、右足を左足に寄せ腰を落とします。

　次に、右足重心で右手を構えて、左かかとを上げて、右手をBの顎の方向へ推

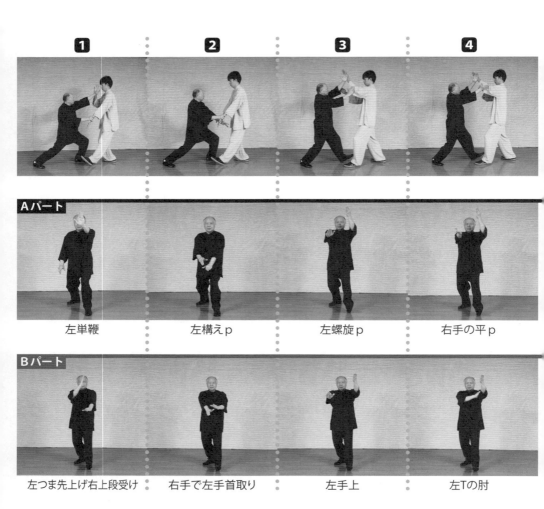

型編

## ＜左単鞭＝左構えp「左螺旋回転パターン」右手返しp＝高探馬＞

しだします。

　この動きは右手で高い馬の鞍を下から探るような動きなので**高探馬**と言います。

　これに対しBは左前に立って左手刀をAの右手首にあてがって、左前左上段受けで防御します。

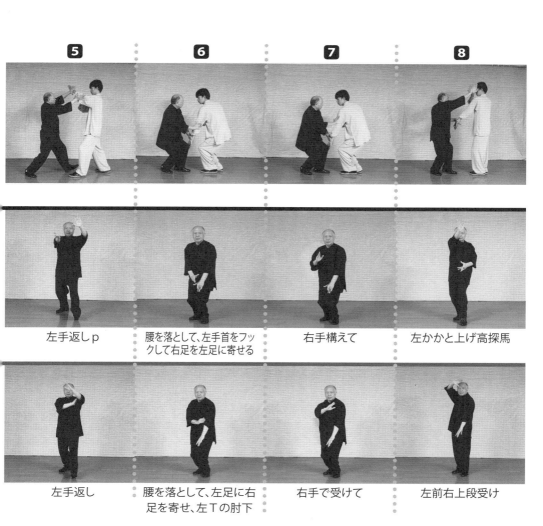

# 47 右蹴り

　Aは高探馬で構えます。Bは左前右上段受けで構えます。

　この状態はAが有利ですので、Bが反撃する前にAはBの左手首をフックした左手を上に上げて、左足を前進させます。

　続けて、Bの左手を左三角ポジションで受けると同時に、右手をBの左手に貼りつけて下に下げます。

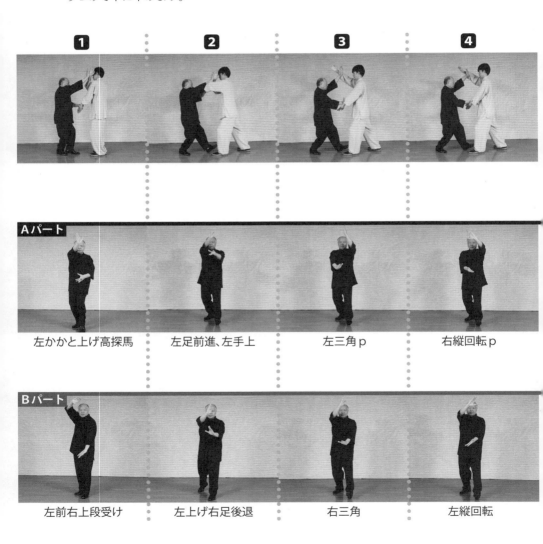

＜高探馬＝左手上＝左三角ｐ「右縦回転パターン」両手螺旋ｐ＝**右蹴り**＝右足前両腕ｐ［右足前両腕ｐ］＞

　左三角ポジションから「右縦回転パターン」の順番通りに動いて両手螺旋ポジションで右つま先を左足に寄せます。
　次に、両手を返して右膝を上げ、Ｂの左膝裏の方向へ**右蹴り**します。
　これに対しＢは左膝を上げてＡの右蹴りを防御します。ＡＢはお互いに足を下ろして右足前両腕ポジションで構えます。

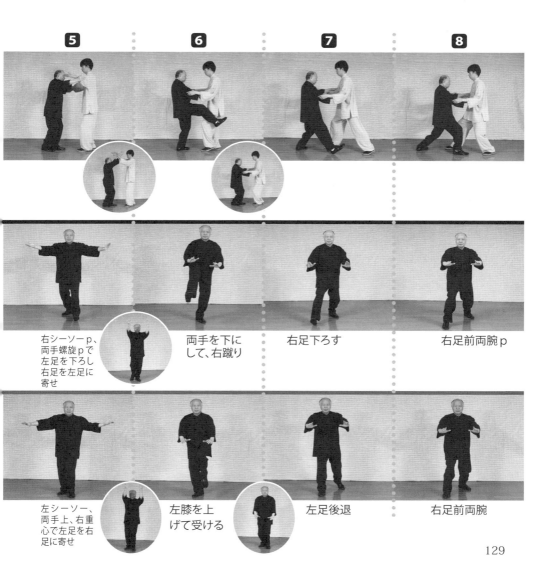

# 48 双峰貫耳

　ＡＢともに右足前両腕ポジションで構えます。このままでは膠着状態になりますから、Ｂは両手で推します。

　これに対しＡは両肘を緩め、Ｂのエネルギーの方向を誘導するよう左に円回転し、左足重心でエネルギーの方向を反転させます。

　次にＢの両手を分けてＢの両手を押さえ、両手の指拳を作り、Ｂの両こめかみを方向へ推しだします。

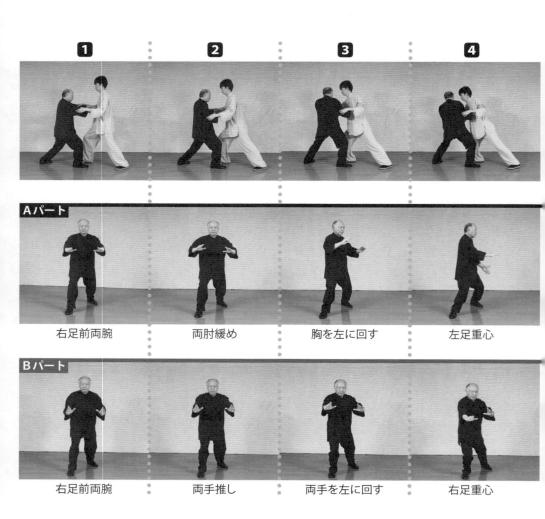

## ＜右足前両腕 p［右足前両腕］＝双峰貫耳＞

ここで「指拳」とは人差し指の第二関節を親指で押えて作ります。
またこの動きはあたかも両手の指関節の峰で両耳を貫くような動きなので**双峰貫耳**と言います。
これに対しＢは右つま先を上げて、Ａの両手の内側に両手を粘らせて上段受けで防御します。

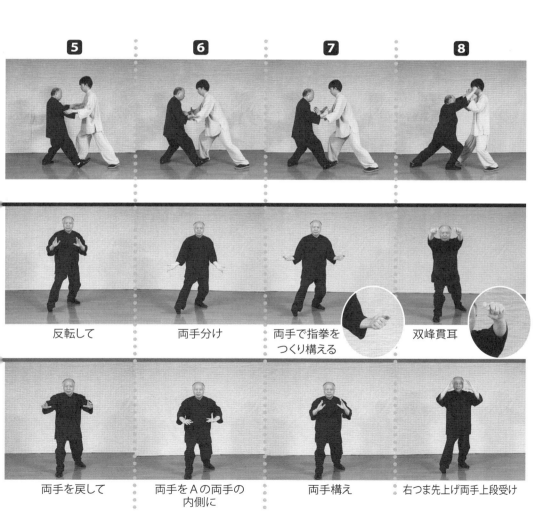

# 49 左螺旋回転

　Aは双峰貫耳で構えます。Bは右つま先上げ両手上段受けで構えます。この状態はAに有利ですから、Bは両手を返してAの両手首をフックします。

　これに対しAは両手構えポジションで構えます。両手構えポジションから「左螺旋回転パターン」の順番通りに動き、右足前左手取りポジションで収めます。

　この時Bは[右足前左Tの肘下]となります。

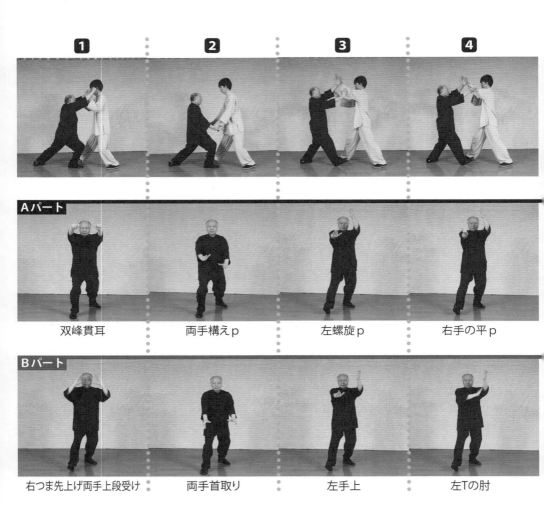

<双峰貫耳=両手構えp「**左螺旋回転**パターン」右足前左手取りp［右足前左Tの肘下］>

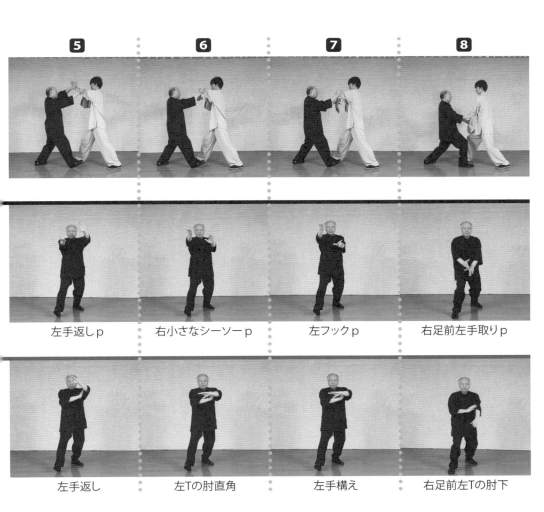

# 50 右肘回転

Aは右足前左手取りポジションで構えます。この時Bは［右足前左Tの肘下］で受けます。この状態はAに有利ですから、Bは右手でAの上段を攻撃します。

これに対してAは右三角ポジションで受け、右肘をBの左腕にあてて右足を右転します。Bは右つま先を右に開いて左Tの肘で受けます。

次にAは左足を後退させます。これに対しBは左つま先を右足に寄せます。

次にAは右肘をくぎ抜きのように回転させてBを前方に動かします。この動き

<右足前左手取りp［右足前左Tの肘下］＝右三角p＝**右肘回転**＝左前左手取りp［左前左Tの肘下］＞

を**右肘回転**と言います。

　これに対しBは左足をAの左足のそばに下ろします。次にAはBの左肘を右手をあてがいます。これに対しBは右足を約135度に下ろします。

　お互いに左かかと上げて左足を右足に引き寄せ左前で立ちます。Aは左前左手取りポジションになります。この時Bは［左前左Tの肘下］となります。

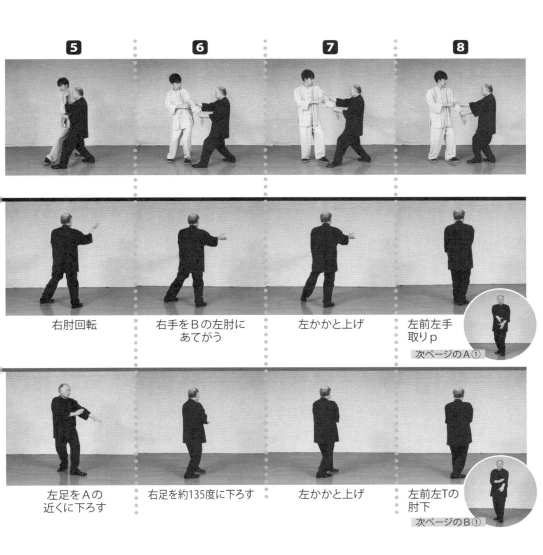

# 51 左縦回転

　Aは左前左手取りポジションで構えます。Bは［左前左Tの肘下］で受けます。

　この状態はAが有利ですので、Bが右手で反撃してくる前にBの左手を右三角ポジションで上に上げると同時に、左手をBの右手に貼りつけ下に下げます。

　右三角ポジションから「左縦回転パターン」の順番で動き左足前両腕ポジションまで動きます。この時Bも［左足前両腕］となります。

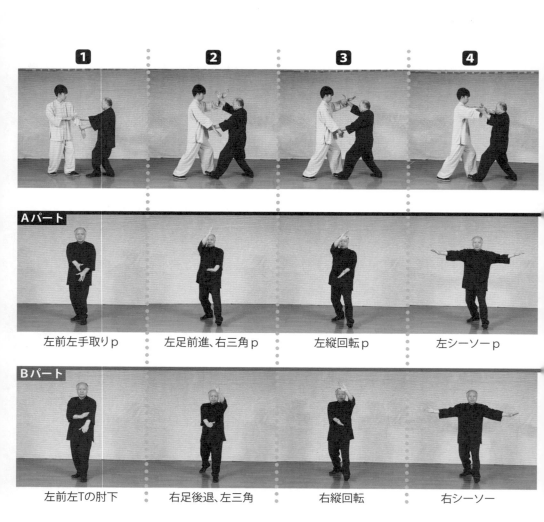

＜左前左手取りp［左前左Tの肘下］＝右三角p「左縦回転パターン」左足前両腕p
［左足前両腕］＞

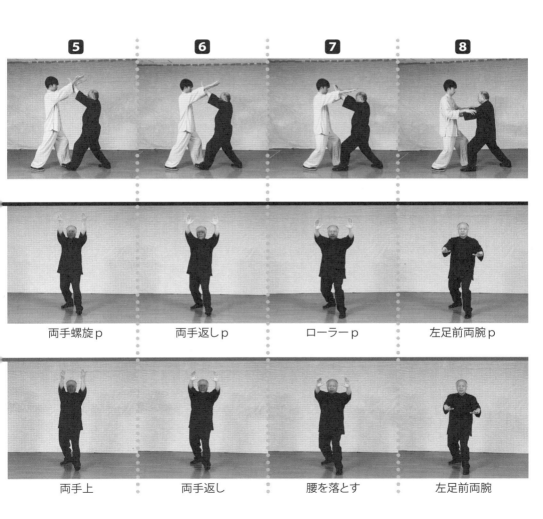

# 52 左蹴り

　ＡＢともに左足前両腕ポジションで構えます。このままでは膠着状態ですから、Ｂは両手で推します。

　これに対しＡは両肘を緩め、胸を右に回します。右足重心で、Ｂの左手を右手で引き込みながら、左つま先を右足に引き寄せます。

　次に左手でＢの右手を引いて両手を左に回す。

　これに対し、Ｂも左手を引いて右つま先を左足に寄せます。

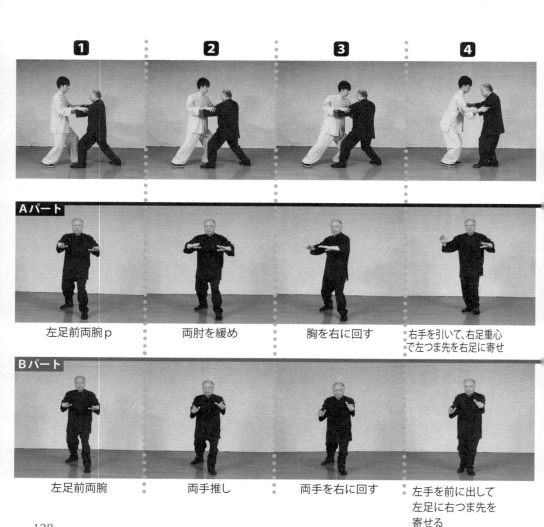

<左足前両腕 p［左足前両腕］=**左蹴り**=左足前両腕 p［左足前両腕］>

　次にAは左手でBの右手を引いて、両手を左に回して、Bの右膝裏の方向へ左蹴りします。

　これに対しBは右手を前に出して、両手を左に回して、右膝を上げてAの左蹴りを防御します。お互いに足を下ろして左足前両腕ポジションとなります。

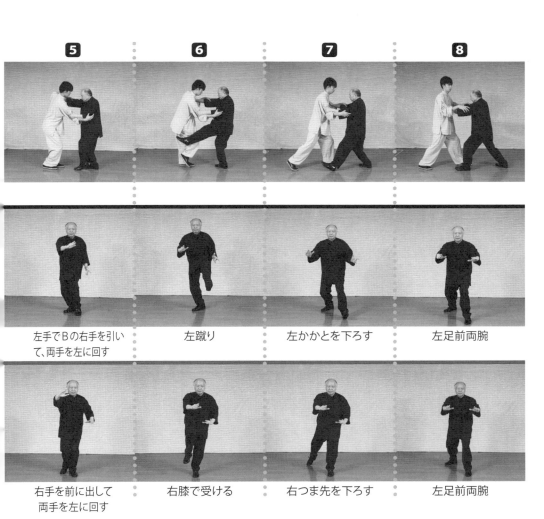

# 53 右曲膝落腰

　ＡＢともに左足前両腕ポジションに構えます。このままでは膠着状態になりますので、ＢはＡの右手を取ります。これに対しＡは右構えポジションで構えます。
　右構えポジションから「右螺旋回転パターン」の順番で右螺旋ポジションと続けます。
　次に、右手を外旋回してＢの右手首をフックすると同時に左手をＢの右腕にあ

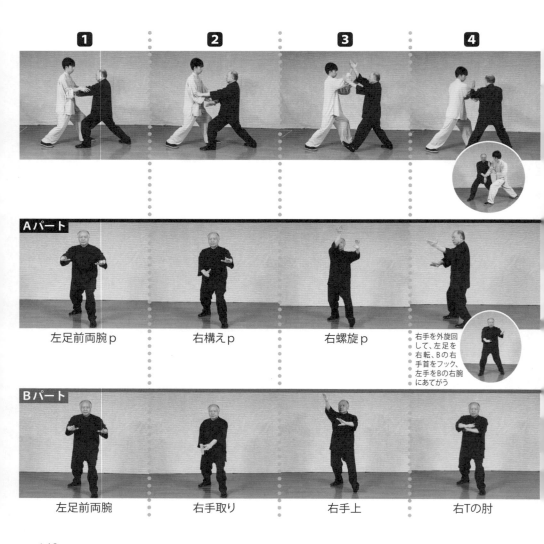

<左足前両腕 p［左足前両腕］＝右構え p「右螺旋回転パターン」右螺旋 p＝**右曲膝落腰**＞

てがい、左足を右転させます

　次に、右足を右転して左足を伸ばして右膝を曲げて腰を落とし左手を下げます。右曲膝落腰と言います。

　これに対しBは左膝を曲げて腰と落とし右Tの肘直角で受けます。

# 54 右膝蹴り

　Aは右曲膝落腰で構えます。Bは左曲膝落腰右Tの肘で受けます。この状態はAに有利ですから、Bは左手でAの上段を攻撃します。

　これに対しAは右三角ポジションで防御します。

　右三角ポジションから「左縦回転パターン」の順番で左縦回転ポジションと続ける時、左足を右足に少し引き寄せます。

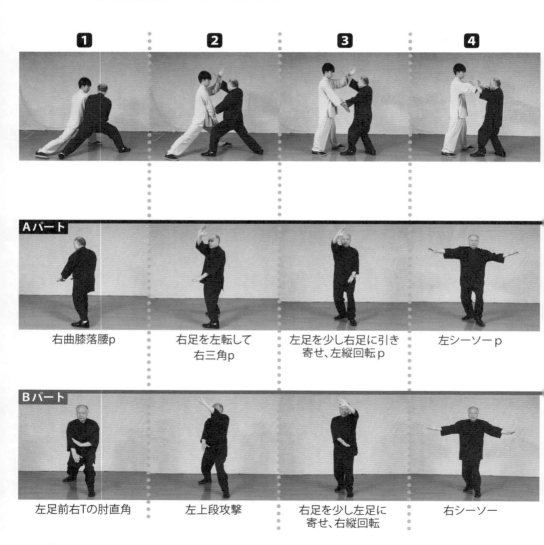

<右曲膝落腰＝右三角 p「左縦回転パターン」両手螺旋 p ＝**右膝蹴り**＝右足前両腕 p［右足前両腕］>

　続けて左シーソーポジションから「左縦回転パターン」の順番通りに動き両手螺旋ポジションで左足に右つま先を寄せます。
　さらに、両手を返して右膝をBの左脇腹の方向へ**右膝蹴り**をします。
　この時Bは左膝を上げてAの右膝蹴りを防御します。おたがいに足を下ろして右足前両腕ポジションとなります。

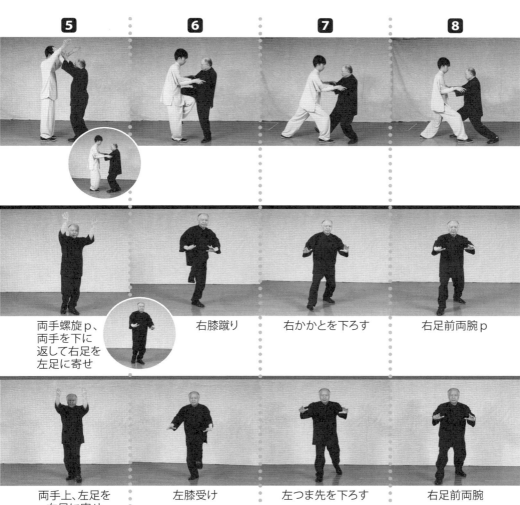

# 55 左曲膝落腰

　ＡＢともに右足前両腕ポジションに構えます。このままでは膠着状態になりますので、ＢはＡの左手を取ります。これに対しＡは左構えポジションで構えます。
　左構えポジションから「右螺旋回転パターン」の順番で左螺旋ポジションと続けます。
　次に、左手を外旋回してＢの左手首をフックすると同時に、右手をＢの左腕に

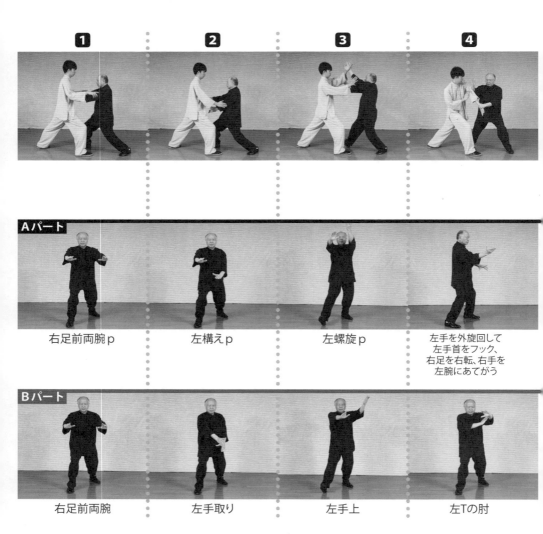

<右足前両腕p［右足前両腕］＝左構えp「左螺旋回転パターン」左螺旋p＝**左曲膝落腰**>

あてがい、右足を左転します。

　左手を内旋回させ、左足を左転して左膝を曲げ右足を伸ばし、腰を落として右手を下げます。**左曲膝落腰**と言います。

　これに対しBは右膝を曲げて腰と落とし左Tの肘で受けます。

＊左内旋回については12を参照してください。

# 56 左膝蹴り

　Aは左曲膝落腰で構えます。Bは右曲膝落腰左Tの肘で構えます。この状態はAに有利ですから、Bは右手でAの上段を攻撃します。

　これに対しAは左三角ポジションで防御します。

　左三角ポジションから「右縦回転パターン」の順番で右縦回転ポジションで右足を少し左足に寄せます。

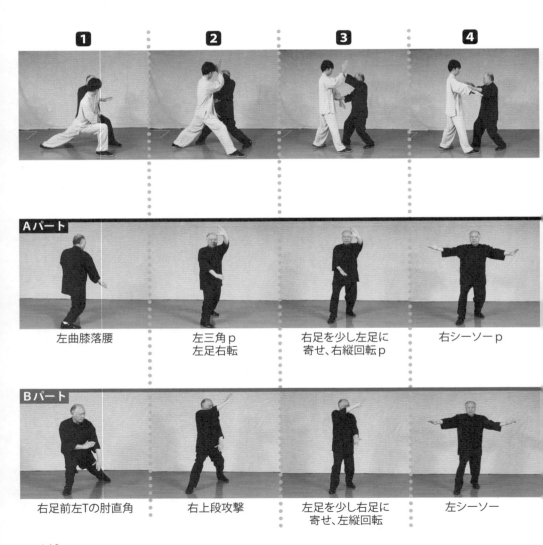

<左曲膝落腰＝左三角p「右縦回転パターン」両手螺旋p＝**左膝蹴り**＝左足前両腕p［左足前両腕］＞

　続けて右シーソーポジションから両手螺旋ポジションと続けてた時、左つま先を右足に寄せて、両手を下げて、左膝をBの右脇腹の方向へ**左膝蹴り**をします。
　この時Bは右膝を上げてAの左膝蹴りを防御します。おたがいに足を下ろして左足前両腕ポジションとなります。

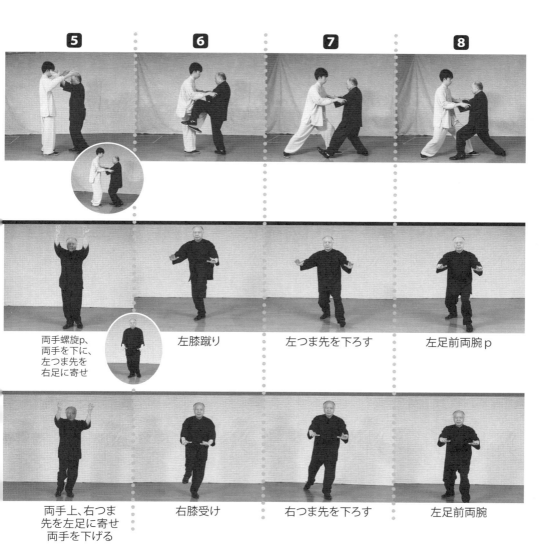

# 57 左螺旋回転

　ＡＢともに左足前両腕ポジションで構えます。このままでは膠着状態になりますから、Ｂは右手でＡの左手首をフックします。

　これに対しＡは左構えポジションで構えます。

　左構えポジションから「左螺旋回転パターン」の順番通りに動いて、左足前左手取りポジションまで動きます。この時Ｂは［左足前左Ｔの肘下］で受けます。

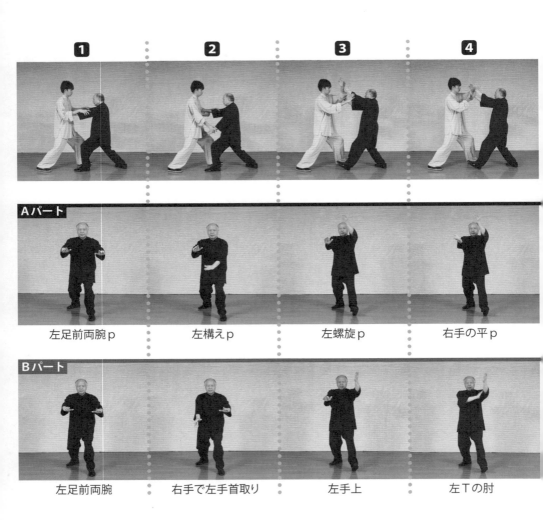

＜左足前両腕 p［左足前両腕］＝左構え p「**左螺旋回転**パターン」左足前左手取り p［左足前左Ｔの肘下］＞

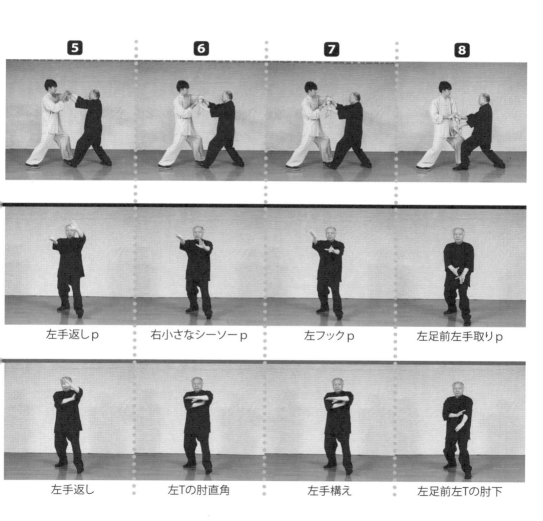

# 58 左穿梭

　Aは左足前左手取りポジションで構えます。Bは［左足前左Tの肘下］で受けます。

　この状態はAに有利ですので、Bが反撃してくる前に右三角ポジションでBの左手を上に上げ、左手でBの右手に貼りつき下に下げます。

　右三角ポジションから「左縦回転パターン」の順番で左縦回転ポジションと続けて、右手でBの左手首をフックして下に下げます。

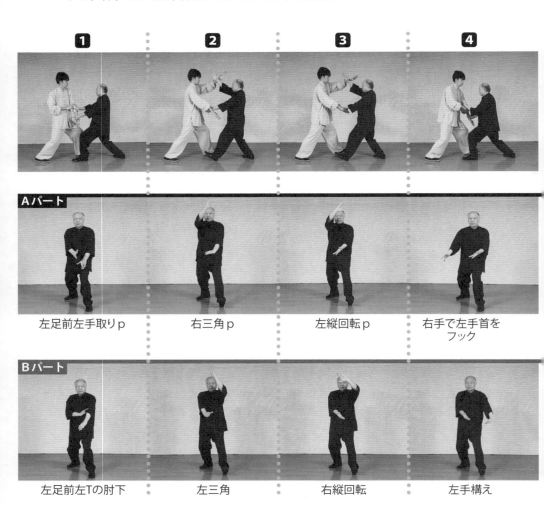

<左足前左手取りp［左足前左Ｔの肘下］＝右三角p「左縦回転パターン」
左縦回転p＝**左穿梭**＞

　左手を内旋回させて左足に右つま先を寄せます。この時Ｂは右手を外旋回させてＡの内側にくるように防御します。

　次に右足を斜めに前進して、右手を引いて、左手を機織り梭を穿つようにＢの顔面の方向へ推し出します。**左穿梭**と言います。

　この時Ｂは右つま先を上げて、右手刀をＡの左手首にあてがって右上段受けで防御します。

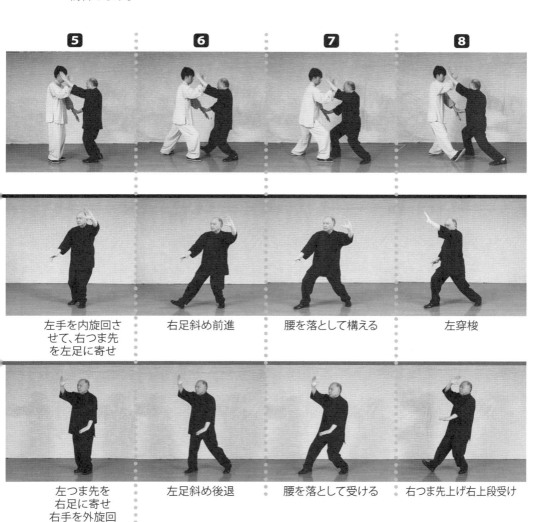

# 59 右穿梭

　Aは左穿梭で構えます。Bは右つま先を上げ右上段受けで構えます。

　この状態はAに有利ですから、BはAの左手を取ります。これに対しAは左構えポジションで構えます。

　左構えポジションから「左螺旋回転パターン」の順番で動き左手返しポジションで左つま先を右足に寄せ、腰を落とし、左手でBの左手首をフックします。

　さらに左足を斜め前進させて右手を機織りの梭を穿つようにBの顔面の方向へ

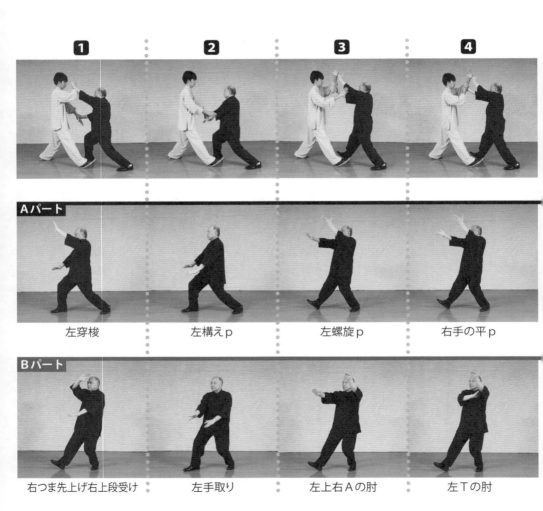

<左穿梭＝左構えp「左螺旋回転パターン」左手返しp＝**右穿梭**>

推しだします。**右穿梭**と言います。
　この時Bは左つま先上げて右手刀をAの右手首にあてがって右上段受けで防御します。

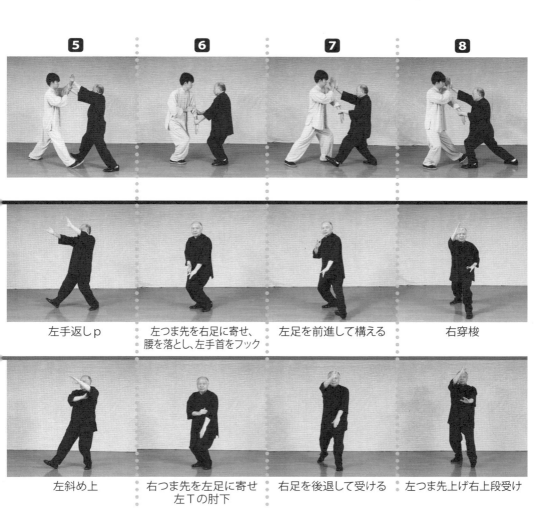

# 60 海底針

　Aは右穿梭で構えます。Bは左つま先上げ右上段受けで構えます。

　AはBが反撃してくる前に、左手でBの左手首をフックしたまま上に上げ、左三角ポジションでBの右手の防御し、右手をBの左手に貼りつき下に下げます。

　左三角ポジションから「右縦回転パターン」の順番通りに右シーソーポジションまで動きます。

　次に、右足を前に寄せ、右手をBの左手の下に貼りつけたまま外旋回させて、同時に左手も内旋回させて構えます。

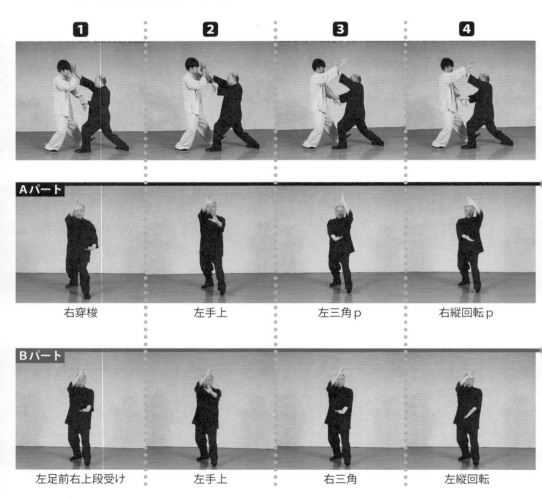

型編

<右穿梭＝左手上＝左三角ｐ「右縦回転パターン」右シーソーｐ＝**海底針**>

　これに対し、Ｂは左手を外旋回させＡの右手の上から貼りついてＡの右手を防御し、右手を内旋回させてＡの左手の上に来るようにして、Ａの左手を防御します。
　次にＡは右手であたかも海底の針を拾うようにＢの左膝の裏の方向へ差し込み、左手をＢの右顔面の方向へ推し出し、左かかとを上げます。この動きを**海底針**と言います。
　この時Ｂは右手でＡの左手の上にあてがって右上段を防御すると同時に、左手でＡの右手を押さえて左下段を防御します。

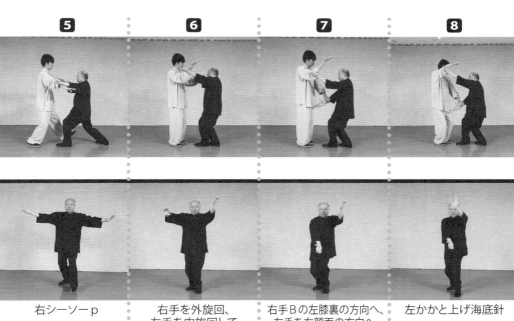

右シーソーｐ

右手を外旋回、
左手を内旋回して
右足を左足に寄せる

右手Ｂの左膝裏の方向へ、
左手を右顔面の方向へ

左かかと上げ海底針

左シーソー

左手を外旋回、
右手を内旋回して
左足を右足に寄せる

左手と右手で受けて

左前左下段右上段受け

# 61 閃通背

　Aは海底針で構えます。Bは左前右上段左下段受けで構えます。この状態はAに有利ですから、BはAの右手を取って反撃します。

　これに対しAは右構えポジションで構えます。

　Aが右構えポジションから「右螺旋回転パターン」の順番通りに動いて、右手返しポジションで右手でBの右手首フックして腰を落とします。

　次に、左足を前進させ、騎馬立ちになり左手を背中を貫通して閃めくようにB

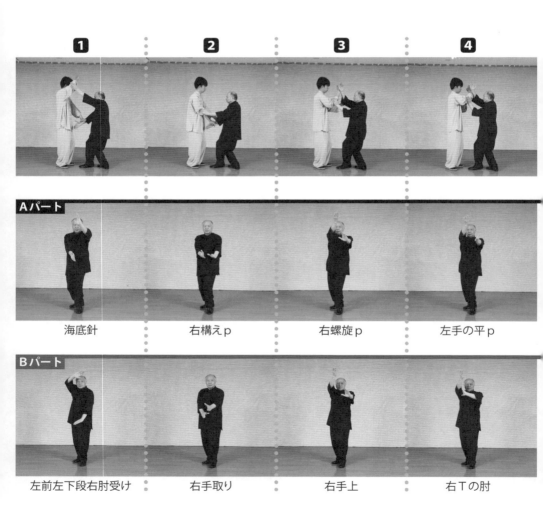

## ＜海底針＝右構えp「右螺旋回転パターン」右手返しp＝閃通背＞

の左顔面の方向へ推しだします。この動きを**閃通背**と言います。
　この時Bは右つま先を上げて左手刀をAの左手首にあてがい左上段受けで防御します。

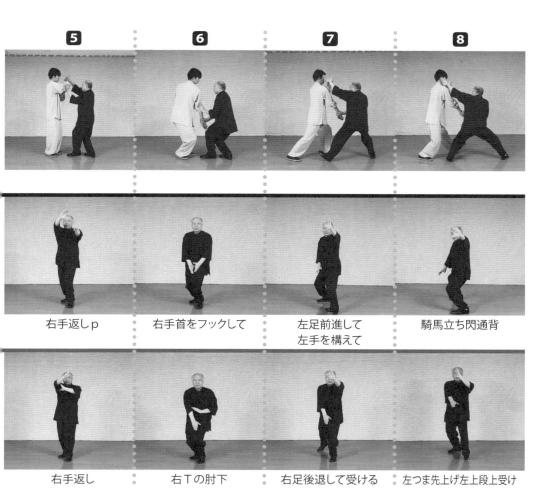

# 62 右螺旋回転

　Aは閃通背で構えます。Bは右つま先上げ左上段受けで構えます。この状態はAに有利ですから、Bは右手を切返してAの右手首をフックして反撃します。

　これに対しAは左足を左転して右構えポジションで構えます。

　Aが右構えポジションから「右螺旋回転パターン」の順番通りに動き左足前右手取りポジションまで動きます。この時Bは［左足前右Tの肘下］で受けます。

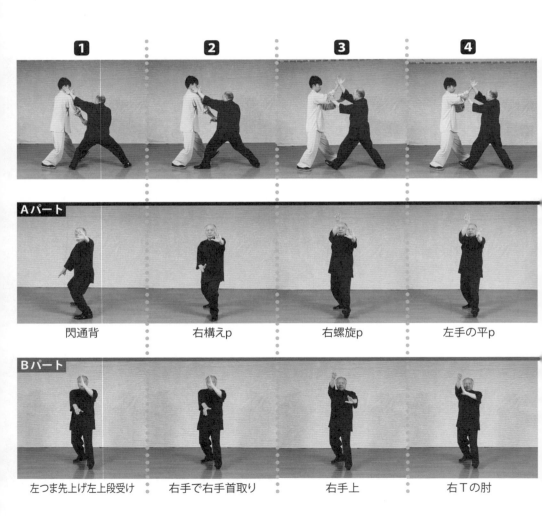

<閃通背＝右構えp「**右螺旋回転**パターン」左足前右手取りp [左足前Tの肘下]＞

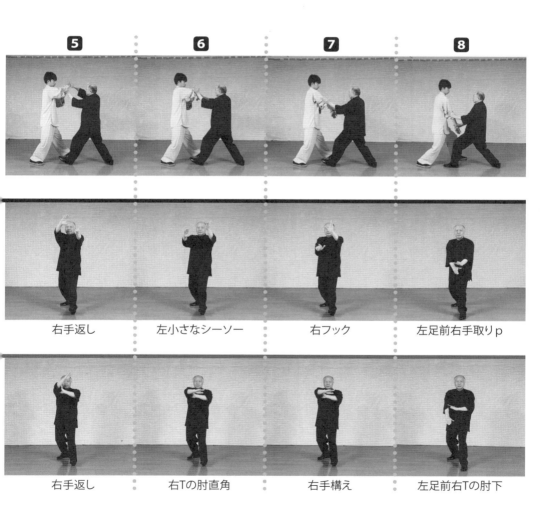

# 63 左肘回転

　Aは左足前右手取りポジションで構え、Bは［左足前右Tの肘下］で受けます。この状態はAに有利ですから、Bは左手でAの上段を攻撃します。

　これに対してAは左三角ポジションで受け、左手をBの右腕にあてて左足を左転します。Bは左つま先を左に開いて左Tの肘で受けます。

　次にAは右足を後退させます。これに対しBは左足に右つま先を寄せます。さらにAは左肘をくぎ抜きのように回転させてBを前方に動かします。

<左足前右手取りp［左足前右Tの肘下］＝左三角＝**左肘回転**＝右前右手取りp［右前右Tの肘下］>

この動きを**左肘回転**と言います。

これに対しBは右足をAの右足のそばに下ろします。さらにAがBの右肘に左手をあてがいます。これに対しBは左足を約135度に下ろします。

お互いに右かかとを上げて右足を左足に寄せ右前に立ちます。Aは右前右手取りポジションで構え、Bは［右前右Tの肘下］で受けます。

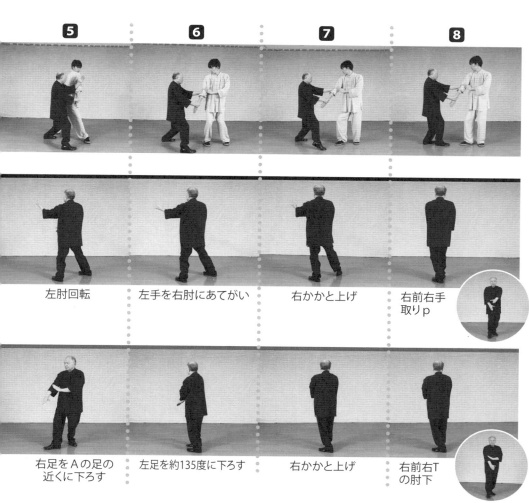

# 64 搬攔捶

　Aは右前右手取りポジションで構えます。Bは［右前右Tの肘下］で受けます。この状態はAに有利ですから、Bは右手を切返してAの右手首をフックします。

　これに対しAは右足を斜めに前進させ、右手で指拳を作り右手の甲を返します。この時AはBの右手をあたかも搬送するかののように右手の甲をBに粘らせて運びます。この動きを「搬」と言います。これに対しBは左足を後退させて右Tの肘で受けます。

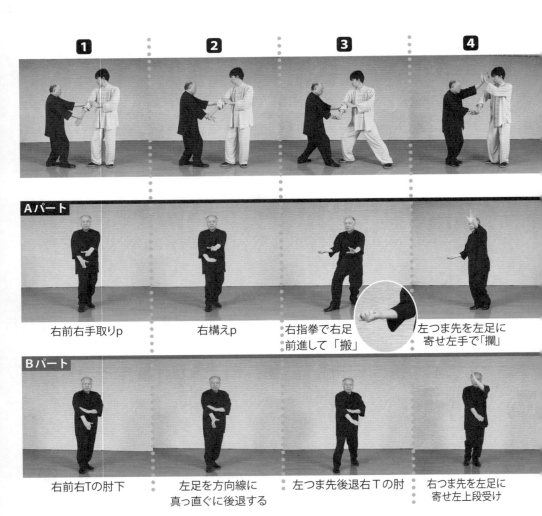

＜右前右手取りp［右前右Tの肘下］＝右構えp＝**搬攔捶**＞

　次にAは左つま先を右足に寄せ、左手をあたかもワイパーでさえぎるようにBの肩の方向へ出します。このさえぎるような動きを「**攔**」と言います。
　これに対しBは左手で受けます。次にAは左足を前進さ右指拳をBの腹部の方向へ鐘を突くように出します。この突き出すような動きを「**捶**」と言います。
　これに対してBは左つま先を上げて、左手をAの手首にあてがって左中段受けで防御します。
＊「指拳」については48を参照してください。

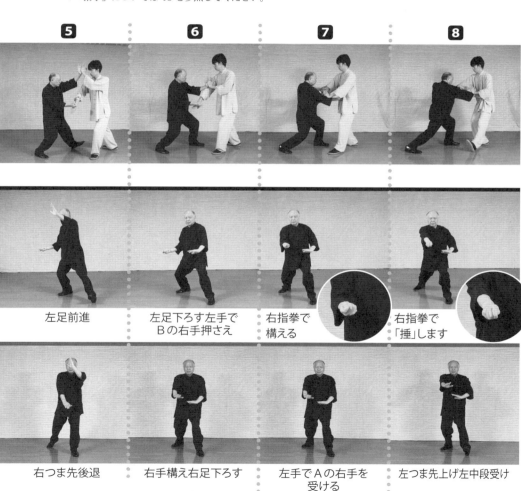

# 65 如封似閉

　Aは右手の指拳で「搬攔捶」の「捶」で構えます。これに対しBは左つま先を上げて左中段受けで構えます。この状態はAに有利ですから、BはAの右手を取ります。

　これに対しAは左手を上に上げあたかも両手で門を閉じる如くBの手首を挟みこみます。この動きを**如封似閉**と言います。

　次にAは右手を内旋回させてBの左手の下にくるようにします。同時に左手を

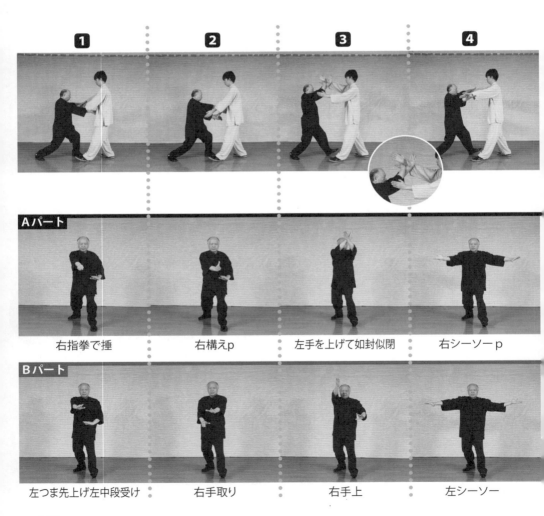

＜搬攔捶＝右構えp＝**如封似閉**＝右シーソーp「右縦回転パターン」左足前両腕p ［左足前両腕］＞

外旋回させて左手の平がBの右手を上に来るようにして、右シーソーポジションを取ります。

　右シーソーポジションから「右縦回転パターン」の順番通りに動き左足前両腕ポジションで収めます。この時Bも［左足前両腕］になります。

＊指拳につては48を参照してください。

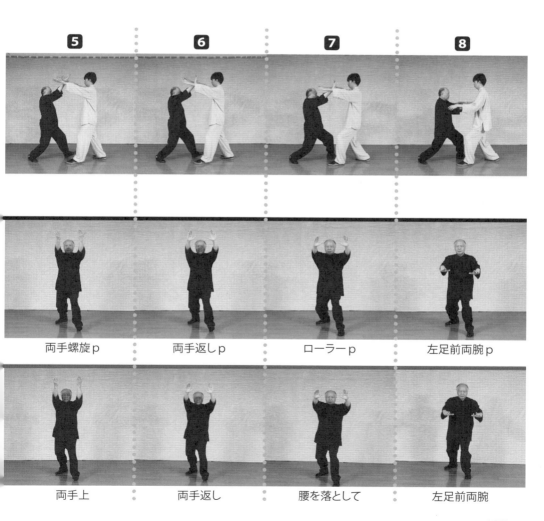

# 66 右円回転

　ＡＢともに左足前両腕ポジションで構えます。このままでは膠着状態になりますから、ＢはＡの両手を推します。

　これに対しＡは両肘を緩め、Ｂのエネルギーをもらって誘導するように胸を右に回して**右円回転**して、右足に重心を移します。

　右手を引いて左つま先を上げ、力の方向を反転させてから、左足を下ろし、左足前両腕ポジションで収めます。この時Ｂも［左足前両腕］となります。

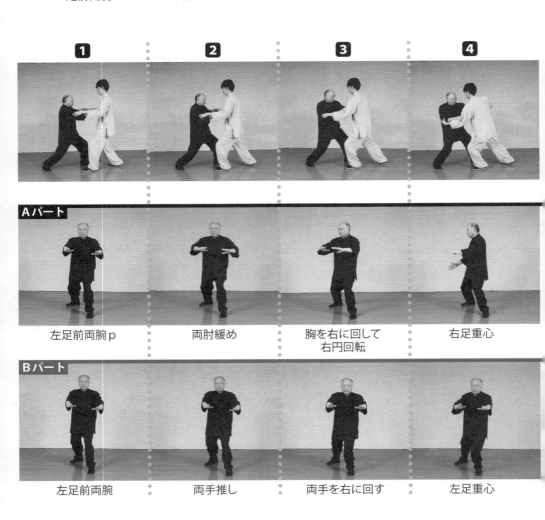

型編

＜左足前両腕 p［左足前両腕］＝**右円回転**＝左足前両腕 p［左足前両腕］＞

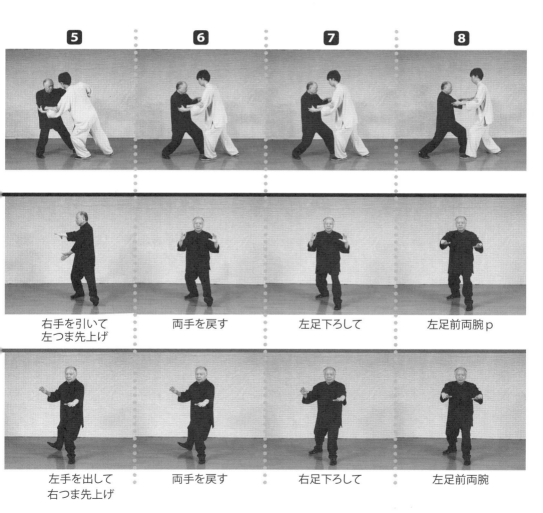

| 5 | 6 | 7 | 8 |
|---|---|---|---|
| | | | |
| 右手を引いて<br>左つま先上げ | 両手を戻す | 左足下ろして | 左足前両腕 p |
| 左手を出して<br>右つま先上げ | 両手を戻す | 右足下ろして | 左足前両腕 |

# 67 右螺旋回転

　ＡＢともに左足前両腕ポジションで構えます。この状態のままでは膠着状態ですから、ＢはＡの右手を取ります。これに対しＡは右構えポジションで構えます。
　右構えポジションから「右螺旋回転パターン」の順番通りに右手返しポジションまで続けて、左小さなシーソーポジションで左足を左転させます。
　次の右フックポジションで右かかとを上げ、右足を引き寄せて閉脚右手取りポ

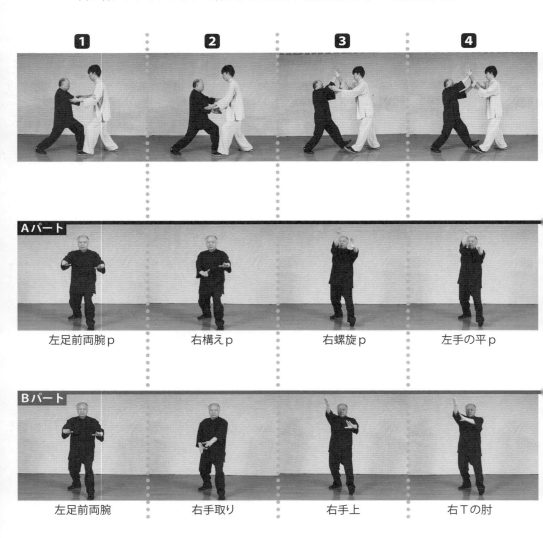

<左足前両腕p［左足前両腕］＝右構えp「右螺旋回転パターン」閉脚右手取りp［閉脚右Tの肘下］＞

ジションとなります。この時Bは［閉脚右手Tの肘下］で受けます。

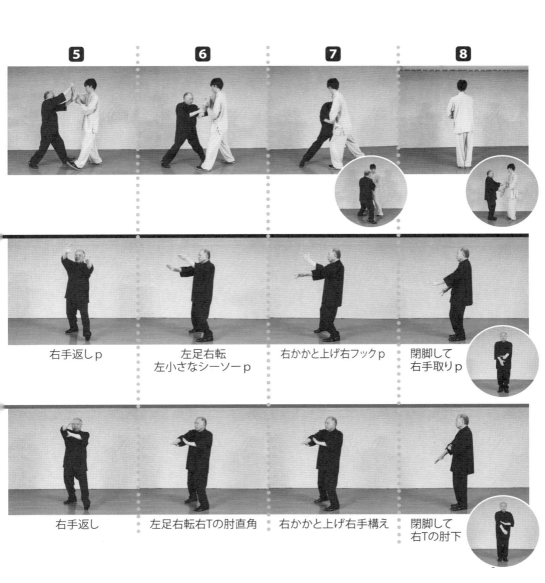

# 68 十字手

　Aが閉脚右手取りポジションで構えます。この時Bは［閉脚右Tの肘下］となります。この状態ではAが有利ですから、Bは左手でAの上段攻撃することで反撃します。

　Bが左手で上段を攻撃してきたらAは左足を横に開いてAの右手首をフックしたまま、右手に左手を重ねて十字を作り防御します。

　十字を作って防御するので十字手と言います。

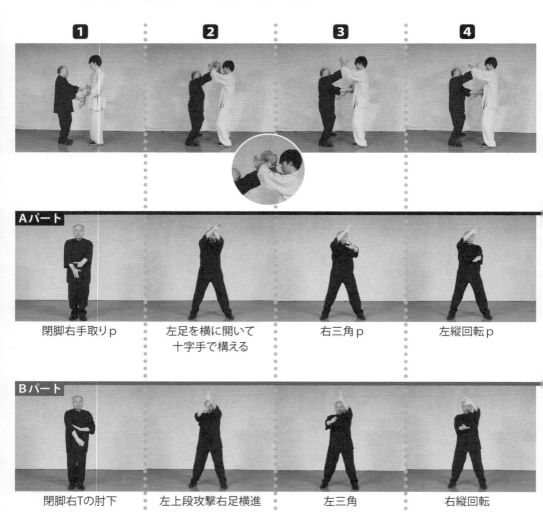

<閉脚右手取りp［閉脚右Tの肘下］=**十字手**=右三角p「左縦回転パターン」開脚両手下p［開脚両手下］>

　次にAは十字手から、右手でフックしたBの右手首を離して、Bの左手を右三角ポジションで受けると同時に、左手をBの右手に貼りつけ下に下げます。

　右三角ポジションから「左縦回転パターン」の順番通りに開脚両腕ポジションまで動き、さらに両手を下に下ろして、開脚両手下ポジションで収めます。

　この時Bも［開脚両手下］になります。

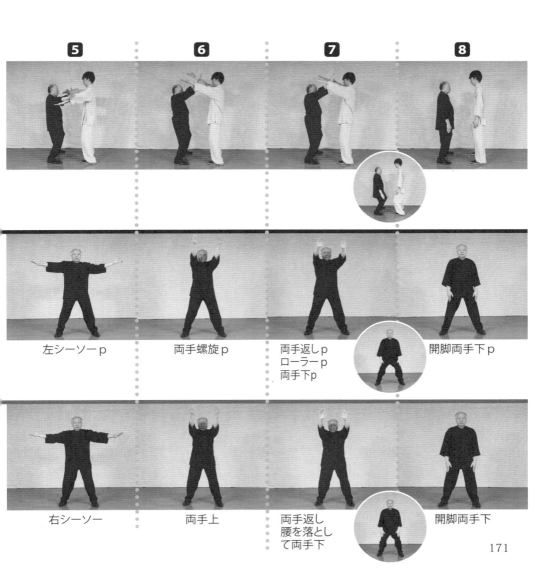

# 69 閉脚

　ＡＢともに開脚両手下の状態から、両膝を曲げて重心を落とします。

　次にＡは左足に重心を移します。右足のかかと上げ、さらに右つま先を寄せ、右かかとを下ろします。

　この時Ｂは右足に重心を移し、左足のかかとを上げて、左つま先を右足に寄せ、左かかとを下ろします。

　お互いに両足に重心をかけます。足を閉じるので**閉脚**といいます。お互いに閉

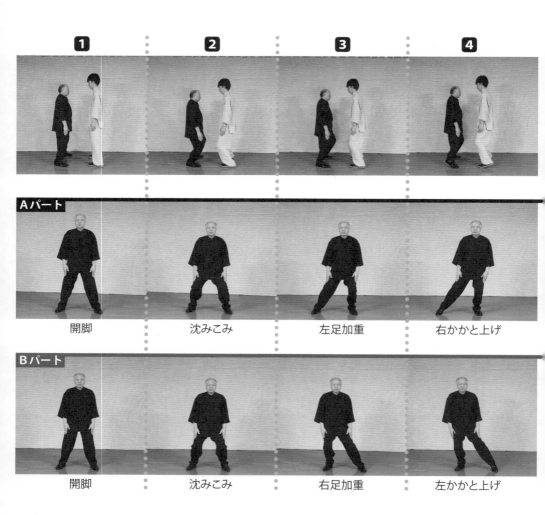

Aパート: 開脚 / 沈みこみ / 左足加重 / 右かかと上げ

Bパート: 開脚 / 沈みこみ / 右足加重 / 左かかと上げ

型編

＜開脚両手下p［開脚両手下］＝**閉脚**＝閉脚両手下p［閉脚両手下］＞

脚両手下で立ちます。

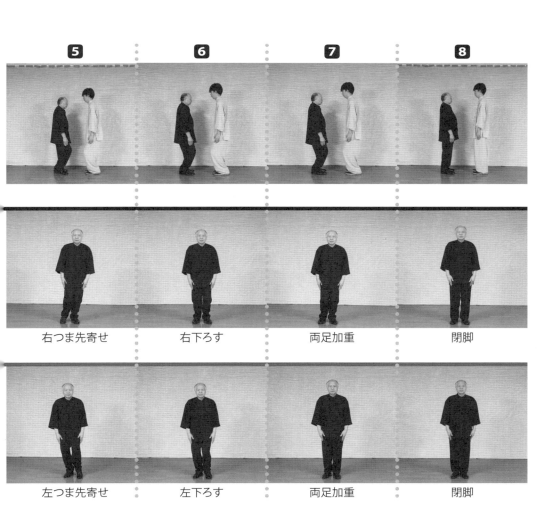

173

# 70 太極呼吸

　お互いに両手を下にして閉脚両手下ポジションで立ちます。
　次にＡＢともに、息を吸いながら右手を軽く握り、左手をかぶせて胸の前につけます。
　胸の前で太極マークを作ります。
　お互いに対抗しないことを示すために、胸の前で両手の親指と中指で三角形を作ります。

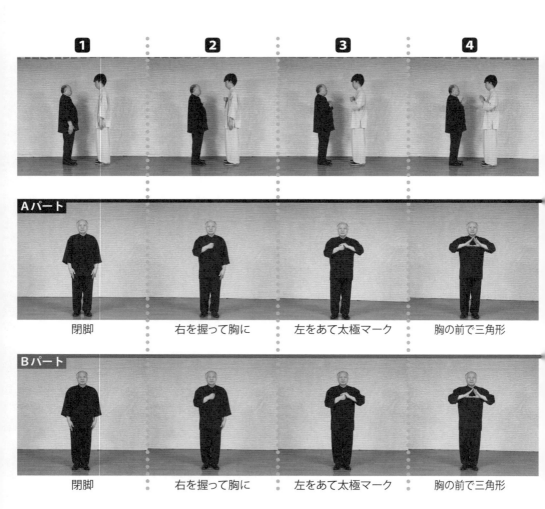

<閉脚両手下ｐ［閉脚両手下］＝**太極呼吸**＝閉脚両手下ｐ［閉脚両手下］＞

　次にＡＢともに、息を吐きながらこの三角形を頭上に上げ、お互いに争わないことを誓います。
　次にＡＢともに頭上の両手を開き、自然法則の重力に従って両手が自然に下がって来るの待って、閉脚両手下で呼吸を収めます。

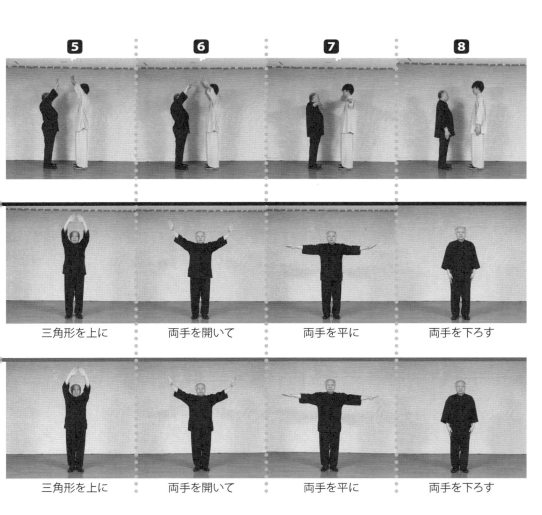

　江口式二人でできる太極拳の70式は連続して二人で調和して動きます。AパートとBパートが正当に攻防を繰り返し、Aが1ならBが9、Aが9ならBが1となるように「太極」の調和を保ちながら動きます。

　しかし、正当に防御せず、過剰に反応して推しこんで来たり、過剰に抵抗したりしてこの「太極」の調和が崩れれば、この過剰な相手のエネルギーに加勢あるいは誘導することで、太極拳の型を「決め技」として用います。

　ここでは、「江口式二人でできる太極拳の用法」として、70式の型の（3）の起勢から（68）の十字手までの流れの中で調和が崩れた時に用いられる「決め技」の用法を写真付きで解説します。

# 3 起勢（決め技）

　開脚両手下ポジションでBが両腕取ってきたら、Aは内側からBの両腕に貼りつき開脚両腕ポジションでこれを防御します。

　開脚両腕ポジションでBが両手首を取ってきたらAは両手構えポジションで構えます。

　次に両手を内旋回させて、人差し指をBの両肩に向けるように**起勢**で構えます。

| | **1** | **2** | **3** | **4** |
|---|---|---|---|---|
| A | 開脚両手下p | 開脚両腕p | 両手構えp | 起勢 |
| B | 開脚両手下 | 開脚両腕 | 両手首取り | 過剰抵抗 |

# 4 反転回転（決め技）

　開脚両腕ポジションでBが推して来たら肘を緩め、胸を右にひねってBを右に誘導します。

　このことに、Bが過剰に反応して、左に引っ張ってきたらBのエネルギーの方

| | **1** | **2** | **3** | **4** |
|---|---|---|---|---|
| | | | | Bの右肘を絞り、右上手投げの要領で、右足を左転し、左へ反転回転 |
| A | 開脚両腕p | 両肘を緩める | 胸を右に回す | |
| B | 開脚両腕 | 両手で推す | 過剰抵抗 | |

<開脚両手下p［開脚両手下］＝開脚両腕p＝両手構えp＝**起勢**（決め技）＞

　これに対しBが過剰に抵抗したらBのエネルギーをもらって誘導するようにBの両肘を絞ります。

　勢いに乗じてB両肘を前に出し、Bを反らせて、左足を前進させ**両手推し**の要領で起勢を「決め技」として用います。

| 5 | 6 | 7 | 8 |
|---|---|---|---|
| 両肘を絞って | 両肘を前に | 左足前進して両手を構えて | 前方へ両手推し |

<開脚両腕p［開脚両腕］＝**反転回転**（決め技）＞

向へ加勢するように、体幹を**反転回転**させます。

　勢いに乗じて、左手でBの右肘を絞り、右上手投げの要領で反転回転を「決め技」として用います。

| 5 | 6 | 7 | 8 |
|---|---|---|---|
| 右足重心 | 左かかと上げ | 左足をふみかえて | 右足を踏みかえて左下へ |

179

# 5 右螺旋回転から閃通背（決め技）

　左前両腕ポジションでBに右手が取られたら、Aは右構えポジションから「右螺旋回転パターン」の順番で動きます。
　右螺旋ポジションでBが過剰に抵抗したらBのエネルギーを誘導するように右手を外旋回させ、Bの右手首をフックします。

|  | ❶ | ❷ | ❸ | ❹ |
|---|---|---|---|---|
| A | 左前両腕p | 右構えp | 右螺旋p | 右手を外旋回、右手首をフック |
| B | 左前両腕 | 右手取り | 過剰抵抗 |  |

# 6 左野馬分鬃（決め技-1）

　左前右手取りポジションで、Bが左手で上段攻撃をします。
　この時Bが、過剰に下方向へ推して来たら、AはBのエネルギーをもらって誘導するように左手を内旋回させBの左手の上になるようにします。
　その間隙に乗じて、Bの右肘を絞って、左足をBの右脚の後ろに前進させます。

|  | ❶ | ❷ | ❸ | ❹ |
|---|---|---|---|---|
| A | 左前右手取りp | 左三角p | 左かかと上げ | 左手を内旋回させ |
| B | 左前右Tの肘下 | 左上段攻撃 | 過剰推し |  |

<応用編>

<左前両腕p［左前両腕］＝右構えp「右螺旋回転パターン」右螺旋p＝**閃通背**（決め技）>

＊「外旋回」については（5）を参照してください。

　勢いに乗じてBの右肘を絞って、左足を前進させ「騎馬立ち」で左手をBの左顔面にあてがい**閃通背**を「決め技」として用います。

＊閃通背については62を参照してください。

| **5** | **6** | **7** | **8** |
|---|---|---|---|
| 右肘を絞って | 左足前進 | 騎馬立ちで左手をあてがって、閃通背 | 右足を踏みかえて前方へ |

<左前右手取りp［左前右Tの肘下］＝左三角p＝**左野馬分鬃**（決め技-1）>

　勢いに乗じて、左手の平をBの首方向へ向けて**左野馬分鬃**を「決め技-1」として用います。

| **5** | **6** | **7** | **8** |
|---|---|---|---|
| 右手でBの右肘を絞って | 左足を前進させ | 左手を首の方向へ構え、左野馬分鬃 | 右足を踏みかえ左下へ |

# 7 左螺旋回転から右攬雀尾 （決め技）

　左野馬分鬃でBが左手首を取ってきたら、Aは左構えポジションから「左螺旋回転パターン」の順番で左螺旋ポジションと続けます。
　左螺旋ポジションで、Bが過剰に抵抗すればBのエネルギーをもらって誘導するように左手を外旋回させ、右足を左足に寄せ、左手首をフックします。

| | **1** | **2** | **3** | **4** |
|---|---|---|---|---|
| A | 左野馬分鬃 | 左構えp | 左螺旋p | 右足を左足に寄せ左手外旋回 |
| B | 左つま先上げ左中段受け | 左手首取り | 過剰抵抗 | |

# 8 右野馬分鬃 （決め技）

　左足前左手取りポジションで、Bが右手で上段攻撃しながら過剰に下に推して来たらAはBのエネルギーをもらって誘導するように右手を内旋回させBの右手の上になるようにします。

| | **1** | **2** | **3** | **4** |
|---|---|---|---|---|
| A | 左足前左手取りp | 右三角p | 右つま先を左足に寄せる | 右手を内旋回 |
| B | 左足前左手下 | 右上段攻撃 | 過剰推し | |

<応用編>

＜左野馬分鬃＝左構えp「左螺旋回転パターン」左螺旋p＝**右攬雀尾**＞

　その勢いに乗じて左肘を絞り、さらに右足を前進し、右手に左手を合わせて**右攬雀尾**を「決め技」として用います。

＊右攬雀尾については 32 を参照してください。

| 5 | 6 | 7 | 8 |
|---|---|---|---|
| 左肘を絞って | 右足前進 | 右攬雀尾 | 前方へ |

＜左足前左手取りp［左足前左Tの肘下］＝右三角p＝**右野馬分鬃**（決め技）＞

　その間隙に乗じて、左手でBの右肘を絞って、右足をBの左脚の後ろに前進させ、右手をBの首方向へ向け、**右野馬分鬃**を「決め技」として用います

| 5 | 6 | 7 | 8 |
|---|---|---|---|
| 左手でBの右肘を絞って | 右足を前進 | 左手をBの首の方向へ構え、右野馬分鬃 | 左足を踏みかえ右下へ |

# 9 右螺旋回転から左攬雀尾（決め技）

　右野馬分鬃で右手首を取られたら、右構えポジションから「右螺旋回転パターン」の順番で右螺旋ポジションと続けます。
　右螺旋ポジションて、Bが過剰に抵抗すれば、Bのエネルギーをもらって誘導するように右手を外旋回させ、右足に左足を寄せ、右手首をフックします。

|  | **1** | **2** | **3** | **4** |
|---|---|---|---|---|
| A | 右野馬分鬃 | 右構えp | 右螺旋p | 右手外旋回、左足寄せ |
| B | 右つま先上げ右中段受け | 右手首取り | 過剰抵抗 |  |

# 10 左野馬分鬃（決め技-2）

　右足前右手取りポジションでBが左手で上段攻撃で過剰に下推して来たら、右手を挙げて、左手でBのエネルギーをもらって誘導するように左手を内旋回させ、間隙に乗じて右手を引きます。
　勢いに乗じて、右肘を絞り、左足をBの右足の後ろに前進させ、Bの右手をフック

|  | **1** | **2** | **3** | **4** |
|---|---|---|---|---|
| A | 右足前右手取り | 左三角p | 左つま先を右足に寄せ右手上 | 左手を内旋回、右手を引く |
| B | 右足前右Tの肘下 | 左上段攻撃左足右転 | 過剰推し |  |

<応用編>

<右野馬分鬃＝右構えP「右螺旋回転パターン」右螺旋p＝**左攬雀尾**（決め技）>

　勢いに乗じて、Bの右肘を絞り、左手に右手を合わせて**左攬雀尾**を「決め技」として用います。

＊左攬雀尾については25を参照してください。

| 5 | 6 | 7 | 8 |
|---|---|---|---|
| 右肘絞って | 左足前進 | 左攬雀尾 | 前方へ |

<右足前右手取りP［右足前右Tの肘下］＝左三角P＝右手上＝**左野馬分鬃**（決め技-2）>

したまま上に跳ね上げます。

　次に左手の平をBの首方向へ向けて**左野馬分鬃**を「決め技-2」として用います。

＊左野馬分鬃（決め技-1）は左手がBの右手の上にあるのに対し、左野馬分鬃（決め技-2）は左手がBの右手の下にある場合です。

| 5 | 6 | 7 | 8 |
|---|---|---|---|
| Bの右肘を絞って | 左足前進 | 右手を跳ね上げ、左手を首の方向へ構え、左野馬分鬃 | 右足を踏みかえて左下へ |

# 11 白鶴亮翅（決め技）

　Aは左野馬分鬃から左三角ポジションさらに「右縦回転パターン」の順番通りに右シーソーポジションと続けます。

　この時Bが過剰に抵抗したら、Bの力のエネルギーをもらって、右手をBの右脇に差し込みます。

| | **1** | **2** | **3** | **4** |
|---|---|---|---|---|
| A | 左野馬分鬃 | 左三角p | 右縦回転p | 右シーソーp |
| B | 左つま先上げ左中段受け | 右三角 | 左縦回転 | 過剰抵抗 |

# 12 左内旋回から左肘捶（決め技）

　Aは左かかと上げで白鶴亮翅で構え、Bは［左前右肩前右Tの肘］で受けます。この状態はAが有利ですからBは反撃に転じAの右手を取ります。

　これに対しAは右構えポジションから「右螺旋回転パターン」の順番通り右螺旋ポジションと続けます。

　この時、Bが過剰に抵抗すれば、Bのエネルギーの方向へ加勢するように、左

| | **1** | **2** | **3** | **4** |
|---|---|---|---|---|
| A | 左かかと上げ白鶴亮翅 | 右構えp | 右螺旋p | 左手で右手首をフック |
| B | 左前右肩前右Tの肘 | 右手取り | 過剰抵抗 | |

<左野馬分鬃＝左三角 p「右縦回転パターン」両手螺旋 p ＝**白鶴亮翅**（決め技）＞

　勢いに乗じて手前に引き寄せると同時に左手でＢの右手首をフックして前方へ跳ね上げます。
　左かかとを上げ、右重心で身体を右転させて左足を踏みかえて**白鶴亮翅**を「決め技」として用います。

| **5** | **6** | **7** | **8** |
|---|---|---|---|
| 右足を左足に寄せ、右手でＢの左手を押さえ、左手で右手首フック | 右手をＢの右脇に差し込み、右重心で白鶴亮翅で構え | 左足を踏みかえて | 右足を踏みかえて右後方へ |

＜白鶴亮翅＝右構え p「右螺旋回転パターン」右螺旋ポジション＝**左内旋回**＝**左肘捶**（決め技）＞

手でＢの右手首をフックします。
　さらに**左内旋回**で、Ｂの右肘を絞り、左足を前進させ、左肘をＢの胸にあてがって**左肘捶**を「決め技」として用います。
　ここでいう「**左肘捶**」とは左肘で突くという意味で名付けました。右肘で突く場合は右肘捶となります。

| **5** | **6** | **7** | **8** |
|---|---|---|---|
| 左内旋回で右肘を絞る | 左足前進 | 左肘捶 | 前方へ |

# 13 右摟膝拗歩（決め技-1）

　左前左内旋回でBが左手で上段を攻撃してきたら、右三角ポジションで防御し、左足を前進させます。

　右三角ポジションで防御した、右手を後方へ引く時にBが過剰に抵抗して引き

| | **1** | **2** | **3** | **4** |
|---|---|---|---|---|
| **A** | 左前左内旋回 | 右三角p | 左つま先を右足に寄せる | 左足前進 |
| **B** | 左前右Tの肘下 | 左上段攻撃 | 右つま先 | 右つま先後退 |

# 14 右内旋回から右攬雀尾（決め技）

　Aは左足前右摟膝拗歩で構え、Bは左つま先上げて右上段受けで防御します。この状態はAに有利なので、Bは右手を切返してAの左手首をフックして反撃します。

　これに対してAは左構えポジションから「左螺旋回転パターン」の順番で左螺旋ポジションと続けます。

　左螺旋ポジションで、Bが過剰に抵抗すれば、Bのエネルギーの力の方向を誘導するように左手を外旋回させます。

| | **1** | **2** | **3** | **4** |
|---|---|---|---|---|
| **A** | 左足前右摟膝拗歩 | 左構えp | 左螺旋p | 左手外旋回、右手でBの左手首をフック、右足を左足に寄せ |
| **B** | 左つま先上げ左上段受け | 右手で左手首取り | 過剰抵抗 | |

<左前左内旋回[左前右Ｔの肘下]＝右三角Ｐ＝**右搂膝拗歩**（決め技-1）＞

戻そうとすれば、Ｂのエネルギーの方向へ加勢するようにします。
　勢いに乗じて、右手をＢの顔面にあてがい、左手を引いて、**右搂膝拗歩**を「決め技」として用います。

| **5**<br>左手前へ<br>右手後へ<br>過剰引き戻し | **6**<br>右手をＢの顔面にあてがい<br>右搂膝拗歩で構える | **7**<br>左手を引いて、<br>右足をふみかえ | **8**<br>左足を踏みかえて前方へ |
|---|---|---|---|
|  |  |  |  |

＜右搂膝拗歩＝左構えｐ「左螺旋回転パターン」右手の平ｐ＝**右内旋回**＝**右攬雀尾**（決め技）＞

　その間隙に乗じて、右足を左足に寄せ、右手を外旋回からＢの左手の上にくるようにして、Ｂの左手首をフックし、**右内旋回**でＢの左肘を絞ります。
　勢いに乗じて右足を前進させて右手に左手を合わせて**右攬雀尾**を「決め技」として用います。
＊右攬雀尾については 32 を参照してください。

| **5**<br>右内旋回で<br>Ｂの左肘絞って | **6**<br>右足前進 | **7**<br>右攬雀尾で構え | **8**<br>前方へ |
|---|---|---|---|
|  |  |  |  |

# 15 左搂膝拗歩（決め技）

　Aは左足前右内旋回で構えます。この時、Bは［左足前左Tの肘下］で受けます。この状態はAに有利ですから、Bは右手でAの上段を攻撃します。

　これに対しAは左三角ポジションで防御し、左手を後方へ引く時にBに過剰に抵抗してBが引き戻そうとすれば、Bのエネルギーの力の方向へ加勢するように

| | **1** | **2** | **3** | **4** |
|---|---|---|---|---|
| **A** | 左足前右内旋回 | 左三角 p | 右つま先を左足に寄せる | 右足前進 |
| **B** | 左足前左Tの肘下 | 右上段攻撃右直す | 左つま先後退 | 左足下ろす |

# 16 左内旋回から左攬雀尾（決め技）

　Aは右足前左搂膝拗歩で構え、Bは右つま先上げ右上段で受けます。この状態はAに有利なので、Bは左手を切返してAの右手首をフックして反撃します。

　これに対してAは右構えポジションから「右螺旋回転パターン」の順番通り右螺旋ポジションと続けます。

　右螺旋ポジションで、Bが過剰に抵抗すれば、Bのエネルギーをもらって誘導

| | **1** | **2** | **3** | **4** |
|---|---|---|---|---|
| **A** | 右足前左搂膝拗歩 | 右構え p | 右螺旋 p | 右手外旋回、左手でBの右手首をフック、左足を右足に寄せ |
| **B** | 右つま先上げ右上段受け | 右手首取り | 過剰抵抗 | |

## ＜左足前右内旋回＝左三角ｐ＝**左摟膝拗歩**(決め技)＞

します。
　勢いに乗じて、左手をＢの顔面にあてがい、右手を引いて**左摟膝拗歩**を「決め技」として用います。

| 5 | 6 | 7 | 8 |
|---|---|---|---|
| 右手前へ左手後へ 過剰引き戻し | 左手をＢの顔面にあてがい 左摟膝拗歩 | 右手を引いて、左足をふみかえて、 | 右足を踏みかえて前方へ |

## ＜左摟膝拗歩＝右構えｐ「右螺旋回転パターン」右螺旋ｐ＝左内旋回＝**左攬雀尾**(決め技)＞

するように右手を外旋回させます。
　その間隙に乗じて、左足を右足に寄せ、左手を外旋回から、Ｂの右手の上にくるようにしてＢの右手首をフックします。
　勢いに乗じて、**左内旋回**でＢの右肘を絞り、左足を前進させて左手に右手を合わせて**左攬雀尾**を「決め技」として用います。

| 5 | 6 | 7 | 8 |
|---|---|---|---|
| 左内旋回で Ｂの右肘を絞る | 左足前進 | 左攬雀尾で構え | 前方へ |

# 17 右搂膝拗歩（決め技-2）

　Aは右足前左内旋回で構えます。Bは［右足前右Tの肘下］で受けます。この状態はAが有利な状態ですので、Bは左手で上段を攻撃します。

　これに対しAは右三角ポジションで防御し、右手を後方へ引きます。

　この時、Bが過剰に反応して推し込んできたら、Bの左手に粘らせ、Bのエネ

|   | 1 | 2 | 3 | 4 |
|---|---|---|---|---|
| A | 右足前左内旋回 | 右三角p | 左つま先 | 左足前進 |
| B | 右足前右手の肘下 | 左上段攻撃 | 右つま先 | 右つま先後退 |

# 18 手揮琵琶（決め技）

　Aは右搂膝拗歩で構えます。この時Bは左つま先上げ左上段受けで構えます。この状態はAに有利ですから、BはAの右手を取ります。

　これに対しAは右構えポジションから「右螺旋回転パターン」の順番で左手の平ポジションまで動きます。

|   | 1 | 2 | 3 | 4 |
|---|---|---|---|---|
| A | 左足前右搂膝拗歩 | 右構えp | 右螺旋p | 左手の平p |
| B | 左つま先上げ左上段受け | 右手取り | 右上左Aの肘 | 右肘で過剰推し |

＜右足前左内旋回＝右三角ｐ＝**右搂膝拗歩**（決め技-2）＞

ルギーを右円回転しながら後ろから前に、反転するように誘導します。
　その勢いに乗じて右手をＢの顔面にあてがい**右搂膝拗歩**を「決め技-2」として用います。

＊右搂膝拗歩（決め技-1）はＢが引き戻そうとした時の対応であり、
　右搂膝拗歩（決め技-2）は推し込んできた時の対応です。

### 5
左手前へ右手後へ
左手で過剰推し

### 6
右円転から反転

### 7
右手を顔面にあてがい、左手を引いて右搂膝拗歩で構え

### 8
右足を踏みかえて前方へ

＜右搂膝拗歩＝右構えｐ「右螺旋回転パターン」左手の平ｐ＝**手揮琵琶**（決め技）＞

　この時、Ｂが右肘で過剰に推して来たら、Ｂのエネルギーの力の方向を誘導するように、左手と右手でＢの右肘を曲げるように誘導して、右手でＢの右手首をフックし腰を落とす。勢いに乗じて左手をＢの右肘を曲げるようにあてがって左足を前進させ、左手でＢの右肘を前に推しだして、**手揮琵琶**を「決め技」として用います。

### 5
右足を左足に寄せ、左手でＢの右肘を曲げるように誘導して、右手で右手首をフックし腰を落とす

### 6
左手でＢの右肘を曲げるようにあてがって左足前進

### 7
両手を前に出して手揮琵琶で構えて

### 8
右足を踏みかえて前方へ

## 19 右縦回転から雲手 (決め技-2)

　Aは手揮琵琶で構え、Bは［左つま先上げ右Tの肘］受けで構えます。この状態はAに有利です。
　Bが左手で反撃する前にAは左三角ポジションでBの右手を上に上げると同時に右手をBの左手に貼りつけて下げます。Aは左三角ポジションから「右縦回転パターン」の順番通り右シーソーポジションと続けます。

| | **1** | **2** | **3** | **4** |
|---|---|---|---|---|
| A | 左足前手揮琵琶 | 左三角p | 右縦回転p | 右シーソー |
| B | 左つま先上げ右Tの肘受け | 右三角 | 左縦回転 | 過剰抵抗 |

## 20 右倒攆猴 (決め技-1)

　ＡＢともに左足前両腕ポジションで構えます。このままでは膠着状態ですから、Bは左足を左に開いて両手で推し、左重心で右つま先を左足に寄せます。
　Aは両肘を緩め右かかとを右転させ真っ直ぐにして右重心で左つま先を右足に寄せます。次にBは右かかと前進、右足下ろしてさらに推します。

| | **1** | **2** | **3** | **4** |
|---|---|---|---|---|
| A | 左足前両腕p | 両肘緩め右かかとを右転 | 左つま先を右足寄せ | 左つま先後退 |
| B | 左足前両腕 | 左足左転両手推し | 右つま先を左足寄せ | 右かかと前進 |

<応用編>

<手揮琵琶＝左三角ｐ「右縦回転パターン」＝右シーソーｐ＝**雲手**（決め技-2）>

右シーソーポジションでBが抵抗したらAはBのエネルギーの方向へ加勢するように左手でBの右手をフックし、右手をBの左肘の下にあてがいます。

勢いに乗じて左手でBの右肘を絞り、右足を前進させ、右手でBの左肘を推し上げ、左足を踏みかえて雲手を「決め技-2」として用います。

＊この肘を推しあげる雲手（決め技-2）については42、雲手（決め技-2）を参照してください。

**5**
左手でBの右手をフックし、右手を左肘の下にあてがって雲手で構え

**6**
左手で右肘を絞り右足前進、右手でBの左肘推し上げ

**7**
左足踏みかえ

**8**
右足を踏みかえて左下へ

<左足前両腕ｐ［左足前両腕］＝**右倒攆猴**（決め技-1）>

この時、Bが過剰に推して来たら、Bの力の方向へ加勢するように左手でBの右肘を絞り右足を左転します。

さらに、右上手投げの要領で右倒攆猴を「決め技-1」として用います。

**5**
左足下ろして左重心
右足下ろして過剰推し

**6**
右足左転、左手で右肘を絞り、右上手投げの要領で右倒攆猴で構え

**7**
左かかと上げ右足重心

**8**
左足を踏みかえて左下へ

# 21 左倒撞猴 （決め技-1）

　　ＡＢともに右足前で両腕ポジションで構えます。このままでは膠着状態ですから Ｂは右つま先右に開いて両手で推し、右重心で左つま先を右足に寄せます。
　　Ａは両肘を緩め左かかとを左転して真っ直ぐにして左重心で右つま先を左足に寄せます。次にＢは左かかと前進、左足下ろしてさらに推します。

| | **1** | **2** | **3** | **4** |
|---|---|---|---|---|
| Ａ | 右足前両腕 | 左かかとを左転し、両肘を緩め | 右つま先を左足に寄せる | 右つま先後退 |
| Ｂ | 右足前両腕 | 右足右転で両手推し | 左つま先を右足に寄せる | 右足前進 |

# 22 右倒撞猴 （決め技-2）

　　ＡＢともに左足前で両腕ポジションで構えます。このままでは膠着状態ですから、Ｂは左つま先を左足を左転して両手で推し、右つま先を左足に寄せます。
　　これに対しＡは両肘を緩め、右かかとを右転して、真っ直ぐにして、右重心で左つま先を右足に寄せます。次にＢは右かかと前進、右足下ろしてさらに推します。
　　これに対しＡは胸をひねって両手を左に回す時、Ｂが過剰に反応して、戻そう

| | **1** | **2** | **3** | **4** |
|---|---|---|---|---|
| Ａ | 左足前両腕ｐ | 右かかとを右転して両肘緩め | 左つま先を右足に寄せる | 左つま先後退 |
| Ｂ | 左足前両腕 | 左足左転で両手推し | 右つま先を左足に寄せる | 右かかと前進 |

### ＜右足前両腕ｐ［右足前両腕］＝**左倒攆猴**（決め技-1）＞

　この時、Bが過剰に推して来たら、Bの推す力の方向へ加勢するよう右手で左肘を絞ります。

　勢いに乗じて、左足を右転して、左手を推して左上手投げの要領で左倒攆猴を「決め技-1」として用います。

**5** 右足下ろして 右重心
左足下ろして過剰推し

**6** 左足右転、左肘を絞って、左上手投げの要領で左倒攆猴で構え

**7** 右かかとを上げ左足重心

**8** 右足を踏みかえて右下へ

### ＜左足前両腕ｐ［左足前両腕］＝**右倒攆猴**（決め技-2）＞

　とすれば、Bのエネルギーの方向へ加勢するように右手を引いてBの左肘を絞ります。

　勢いに乗じて右下手投げの要領で、右倒攆猴を「決め技-2」として用います。

　22の右倒攆猴「決め技-2」は20の右倒攆猴「決め技-1」の右上手の要領に対して右下手投げの要領という意味で右倒攆猴「決め技-2」としました。

**5** 左足下ろす
右足下ろして推す

**6** 胸を左に回す
過剰反応で戻す

**7** 右手でBの左肘を絞って、右足を踏みかえ、右下手投げの要領で右倒攆猴で構え

**8** 左足を踏みかえて、右下へ

## 23 左倒攆猴 （決め技-2）

　ＡＢともに左足前で両腕ポジションで構えます。このままでは膠着状態ですから、Ｂは右足右転して両手で推し、左つま先をを右足に寄せます。

　Ａは左足右転して両肘を緩め、左重心で右つま先を左足に引き寄せます。次にＢは左かかと前進、左足下ろしてさらに推します。

　これに対しＡは胸を右に回す時、Ｂが過剰に反応して戻そうとすれば、Ｂのエネルギーの方向に加勢するように左手でＢの右肘を絞ります。

| | 1 | 2 | 3 | 4 |
|---|---|---|---|---|
| A | 右足前両腕p | 左足右転で両肘緩める | 右つま先を左足に寄せる | 右つま先後退 |
| B | 右足前両腕 | 右レの字両手推し | 左つま先 | 右かかと前進 |

## 24 左懶扎衣 （決め技）

　ＡＢともに左足前両腕ポジションで構えます。このままでは膠着状態ですから、Ｂは右手でＡの左手を下方へ推します。Ａは左構えポジションに構えます。

　この時、Ｂが左手を下方へ過剰に推して来れば、ＡはＢの力の方向を誘導する

| | 1 | 2 | 3 | 4 |
|---|---|---|---|---|
| A | 左足前両腕 | 左構えp | 左つま先右足に寄せる | 左手を内旋回 |
| B | 左足前両腕 | 左手推し | 過剰推し | |

## 応用編

<左足前両腕p[左足前両腕]＝**左倒攆猴**(決め技-2)>

　勢いに乗じて左下手投げの要領で、左足を踏みかえて、左倒攆猴を「決め技-2」として用います。
　23の左倒攆猴「決め技-2」は、21の左倒攆猴「決め技-1」が左上手投げの要領であることに対して、左下手投げの要領です。

| **5** | **6** | **7** | **8** |
|---|---|---|---|
| 右足下ろす | 胸を右に回す | 左手でBの右肘を絞って、左足を踏みかえ、左下手投げの要領で左倒攆猴で構える | 右足を踏みかえて左下へ |
| 左足下ろして推す | 過剰反応で戻す | | |

<左足前両腕p[左足前両腕]＝左構えp＝**左懶扎衣**(決め技)>

　ように左手の内旋回させBの右手の上にくるようにします。
　その間隙に乗じて右手でBの左肘を絞って、左足を前進させ、左手の平をBの首の方向へ向け、**左懶扎衣**を「決め技」として用います。

| **5** | **6** | **7** | **8** |
|---|---|---|---|
| 右手で左手を絞って | 左足前進 | 左手を首の方向へ 左懶扎衣で構える | 右足を踏みかえて左下へ |

## 25 左攬雀尾（決め技）

　　Aは左懶扎衣で構えます。Bは左つま先上げて右中段受けで防御します。この状態はAに有利ですから、BはAの左手首を右手でフックします。

　　これに対しAは左構えポジションで構え、右手をAの左手首の下から差し込みます。

| | **1** | **2** | **3** | **4** |
|---|---|---|---|---|
| Ⓐ | 左懶扎衣 | 左構えp | 右手を下から差し込む | 左足右転し、右手で右肘を絞り、左手を右腕に押しあてる |
| Ⓑ | 左つま先上げ右中段受け | 左手首取り | 過剰抵抗 | |

## 26 左縦回転から右膝蹴り（決め技）

　　Aは左攬雀尾で構えます。Bは右Tの肘を直角にして左つま先を上げて受けます。

　　この状態はAに有利ですから、Bは左手でAの上段を攻撃します。これに対しAは右三角ポジションで防御します。

　　Aが右三角ポジションから「左縦回転パターン」の順番で左縦回転ポジションと続けます。

| | **1** | **2** | **3** | **4** |
|---|---|---|---|---|
| Ⓐ | 左攬雀尾 | 右三角p | 左縦回転p | 左手を右肘の下に、右手を左肘の上に |
| Ⓑ | 左つま先上げ右Tの肘直角 | 左上段攻撃 | 過剰推し | |

## 応用編

### ＜左懶扎衣＝左構えp＝**左攬雀尾**（決め技）＞

　この時Bが過剰に抵抗すれば、左足を右転して、右手で左肘を絞り、左手をBの右腕に押しあてます。

　勢いに乗じて、右足を右転し、左足を踏みかえて、左手に右手を合わせ**左攬雀尾**を「決め技」として用います。

| **5** 左手をさらに押し当て右足右転 | **6** 左足を踏みかえて | **7** 左攬雀尾で構えて | **8** 前方へ |

### ＜左攬雀尾＝右三角p「左縦回転パターン」左縦回転p＝**右膝蹴り**（決め技）＞

　この時、Bが過剰に推してくれば、Bのエネルギーの力の方向へ加勢するように右手をBの左手に貼りつけ、左手をBの左肘の下に貼りつけます。

　勢いに乗じて右手でBの左肘を絞り、左手でBの右肘を推し上げて右膝をBの左脇腹にあてがい**右膝蹴り**を「決め技」として用います。

＊右膝蹴りについては57を参照してください。

| **5** 右手で左肘を絞って、左肘を推し上げ | **6** 右膝蹴り | **7** 右足下ろす | **8** 左足を踏みかえて右下へ |

# 27 右円回転 （決め技-1）

　ＡＢともに左足前両腕ポジションで構えます。このままでは膠着状態ですから、ＢはＡの両腕を推します。
　Ａは両肘を緩め、胸を右に回して右円回転します。
　これに対し、Ｂが過剰に反応してして推しこんできたら、Ｂのエネルギーに加

|  | **1** | **2** | **3** | **4** |
|---|---|---|---|---|
| Ａ | 左足前両腕p | 両肘緩めて | 胸を右に回して右円回転 | 右手でＢの左肘を絞って |
| Ｂ | 左足前両腕 | 両手推し | さらに過剰推し | |

# 28 右螺旋回転から右曲膝落腰 （決め技）

　ＡＢともに左足前両腕ポジションで構えます。このままでは膠着状態になりますから、ＢはＡの右手を取ります。これに対しＡは右構えポジションで構えます。
　Ａが右構えポジションから「右螺旋回転パターン」の順番で右螺旋ポジションと続けます。
　この時、Ｂが過剰に抵抗すれば、Ｂのエネルギーの方向を誘導するようにＢの

|  | **1** | **2** | **3** | **4** |
|---|---|---|---|---|
| Ａ | 左足前両腕p | 右構えp | 右螺旋p | 右肘を絞り、左足右転、左手をＢの右腕に押しあてる |
| Ｂ | 左足前両腕 | 右手取り | 過剰抵抗 | |

<応用編>

<左足前両腕p［左足前両腕］＝**右円回転**（決め技-1）>

勢するように、右手でBの左肘を絞ります。
　勢いに乗じて左手でBの左肘を絞り、さらに両肘を前に絞って、左足を踏みかえて両手推しの要領で右円回転を「決め技-1」として用います。

| 5 | 6 | 7 | 8 |
|---|---|---|---|
| 左手で右肘を絞り | Bの両肘を絞って前に | 左足踏みかえ<br>両手で構え | 両手推しで前方へ |

<左足前両腕p［左足前両腕］＝右構えp「右螺旋回転パターン」右螺旋p＝**右曲膝落腰**（決め技）>

右肘を絞り、左足を左転させ、左手をBの右腕に押しあてます。
　勢いに乗じて、右足を右転させ、右膝を曲げ、左足を伸ばし、腰を落として、左手を押し下げて**右曲膝落腰**を「決め技」として用います。
＊右曲膝落腰については53を参照してください。

| 5 | 6 | 7 | 8 |
|---|---|---|---|
| 左手をさらに押し<br>当て右足を右転 | 右足重心で右膝曲げて | 左足伸ばし、腰を落として<br>右曲膝落腰で構えて | 下方へ |

203

## 29 左肘回転（決め技）

　Aは左足前右手取りポジションで構えます。Bは［左足前右Tの肘下］で受けます。この状態はAに有利ですから、Bは左手でAの上段を攻撃します。

　これに対してAは左三角ポジションで受け、左手をBの右腕にあてがい左足を左転します。Bは左つま先を左に開いて左Tの肘で受けます。

| | **1** | **2** | **3** | **4** |
|---|---|---|---|---|
| **A** | 左足前右手取りp | 左三角p | 左足を右転して、左手をBの右腕に | 左手構えて右足後退 |
| **B** | 左足前右Tの肘下 | 左上段攻撃 | 左足左転右Tの肘 | 過剰に反応して右足を前進 |

## 30 右縦回転から双峰貫耳（決め技）

　Aは右前右手取りポジションで構えます。Bは［右前右Tの肘下］で受けます。

　この場合Aが有利ですが、Bが左手で攻撃してくる前に、右足を前進させBの右手を左三角ポジションで受けると同時に右手をBの左手に貼りつけ下に下げます。

　次にAが左三角ポジションから「右縦回転パターン」の順番で動いて両手螺旋ポジションまで動きます。

| | **1** | **2** | **3** | **4** |
|---|---|---|---|---|
| **A** | 右前右手取りp | 右足前進左三角p | 右縦回転p | 右シーソーp |
| **B** | 右前右Tの肘下 | 左つま先後退右三角 | 左縦回転 | 左シーソー |

応用編

<左足前右手取りp［左足前右Tの肘下］＝左三角p＝**左肘回転**（決め技）＞

　次にAが、右足を後退させた時Bが過剰に反応し、右足を前方に出してきたら、左足を右転させ、Bの右肘を絞り、左手をBの右腕に押しあて、左肘回転します。
　勢いに乗じて、右足を右転し、左足を伸ばして、左手を押し下げ、左肘回転を「決め技」として用います。

| **5** | **6** | **7** | **8** |
|---|---|---|---|
| 左足を右転して、右手で右肘を絞って、左手を右腕に押しあて、左肘回転で構え | 左肘をさらに押し当て右足を右転 | 左足を伸ばして | 下方へ |

<右前右手取りp［右前右Tの肘下］＝左三角p「右縦回転パターン」両手螺旋p＝
**双峰貫耳**（決め技）＞

　この時、Bが過剰に抵抗すればBのエネルギーの方向へ加勢するように両手を返します。
　勢いに乗じて、Bの両手を押さえ、両手で「指拳」を作り、Bの両こめかみを挟んで右足を踏みかえて、**双峰貫耳**を「決め技」として用います。
＊「指拳」及び双峰貫耳については48を参照してください。

| **5** | **6** | **7** | **8** |
|---|---|---|---|
| 両手螺旋p<br>過剰抵抗 | Bの両手を押さえ | 両手の指拳でBのこめかみを挟んで、右足を踏みかえ、双峰貫耳で構え | 左足を踏みかえて前方へ |

# 31 右懶扎衣（決め技）

　　ＡＢともに右足前両腕ポジションで構えます。このままでは膠着状態ですから、Ｂは左手でＡの右手を下方へ推します。
　　Ａは推された右手の指に神経を巡らせて右構えポジションを取ります。
　　この時、ＢがＡの右手を左手で推し、下方へ過剰に推して来れば、ＡはＢのエ

| | ❶ | ❷ | ❸ | ❹ |
|---|---|---|---|---|
| Ａ | 右足前両腕ｐ | 右構えｐ | 右つま先を左足に寄せる | 右手を内旋回 |
| Ｂ | 右足前両腕 | 左手でＢの右手推し | 過剰推し | |

# 32 右攬雀尾（決め技）

　　Ａは右懶扎衣で構えます。Ｂは右つま先上げ左中段受けで構えます。この状態はＡに有利ですから、ＢはＡの右手首を左手でフックします。
　　これに対し、Ａは右構えポジションで構え、次に左手を螺旋状に差し込みます。
　　この時、Ｂが過剰に抵抗すれば、右足を左転し　Ｂの左肘を絞り、右手をＡの

| | ❶ | ❷ | ❸ | ❹ |
|---|---|---|---|---|
| Ａ | 右懶扎衣 | 右構えｐ | 左手を下から差し込む | 右足を左転し、左手で左肘を絞り、右手をＢの左腕に押しあてる |
| Ｂ | 右つま先上げ左中段受け | 左手で右手首取り | 過剰抵抗 | |

＜右足前両腕ｐ［右足前両腕］＝右構えｐ＝**右懶扎衣**（決め技）＞

ネルギーの方向を誘導するように右手を内旋回させＢの左手の上にくるようにします。

その勢いに乗じて左手でＢの右肘を絞り、右手の平をＢの首の方向へ向け、右足を前進させ、**右懶扎衣**を「決め技」として用います。

| **5**<br>左手でＢの<br>右肘を絞って | **6**<br>右足前進 | **7**<br>右手を首の方向へ右懶扎衣<br>で構え | **8**<br>左足を踏みかえて右下へ |

＜右懶扎衣＝右構えｐ＝左螺旋ｐ＝**右攬雀尾**（決め技）＞

左腕に押しあてます。

勢いに乗じて、左足を左転させ、右足を踏みかえ、右手に左手に合せて**右攬雀尾**を「決め技」として用います。

| **5**<br>右手をさらに押し当て、<br>左足左転 | **6**<br>右足を踏みかえ | **7**<br>右攬雀尾で構え | **8**<br>前方へ |

# 33 右縦回転から左膝蹴り（決め技）

　Aは右攬雀尾で構えます。Bは右つま先上げ右Tの肘直角で防御します。この状態はAに有利ですから、Bは右手でAの上段を攻撃します。

　これに対しAは左三角ポジションで受けます。

　Aが左三角ポジションから「右縦回転パターン」の順番で右縦回転ポジションと続けます。

| | **1** | **2** | **3** | **4** |
|---|---|---|---|---|
| A | 右攬雀尾 | 左三角p | 右縦回転p | 左手で右肘を上から、右手をBの左肘の下にあてがい |
| B | 右つま先上げ左Tの肘 | 右上段攻撃 | 過剰抵抗 | |

# 34 左円回転（決め技）

　ABともに右足前両腕ポジションで構えます。このままでは膠着状態ですから、BはAの両腕を推します。

　Aは両肘を緩め、胸を左に回して**左円回転**します。

　これに対し、Bが過剰に反応して、推しこんできたら、Bのエネルギに加勢す

| | **1** | **2** | **3** | **4** |
|---|---|---|---|---|
| A | 右足前両腕p | 両肘緩めて | 胸を左に回して左円回転 | 左手で右肘を絞って |
| B | 右足前両腕 | 両手で推す | さらに過剰推し | |

<右攬雀尾＝左三角 p「右縦回転パターン」右縦回転 p ＝**左膝蹴り**（決め技）＞

　右縦回転パターンで、Bが過剰に推してくればBのエネルギーの方向へ加勢するように左手をBの右手に貼りつけると同時に右手をBの左肘に貼りつけます。
　勢いに乗じて左手でBの右肘を絞って、右手でBの左肘を推し上げ、左膝をBの右脇腹にあてがって**左膝蹴り**を「決め技」として用います。
＊左膝蹴りについては 57 を参照してください。

**5** 左手で右肘を絞って、右手で左肘を推し上げ

**6** 左膝蹴り

**7** 左足下ろす

**8** 右足をふみ替えて左下へ

<右足前両腕 p［右足前両腕］＝**左円回転**（決め技）＞

るように、左手でBの右肘を絞ります。
　勢いに乗じて、右手でBの左肘を絞り、さらに両肘を前に絞って、右足を踏みかえて両手推しの要領で左円回転を「決め技」として用います。

**5** 右手で左肘を絞って

**6** 両肘を前に絞って

**7** 右足を踏みかえ両手で構えて

**8** 両手推しで前方へ

# 35 左螺旋回転から左曲膝落腰（決め技）

　ＡＢともに右足前両腕ポジションで構えます。このままでは膠着状態になりますから、ＢはＡの左手を取ります。

　これに対しＡは左手の指先に神経を通して左構えポジションを取ります。

　Ａが左構えポジションから「左螺旋回転パターン」の順番で左螺旋ポジションと続けます。

| | **1** | **2** | **3** | **4** |
|---|---|---|---|---|
| Ａ | 右足前両腕 p | 左構え p | 左螺旋 p | 右足を左転、左手でＢの左肘を絞り、右手をＢの左腕に押しあてる |
| Ｂ | 右足前両腕 | 左手取り | 過剰抵抗 | |

# 36 右肘回転（決め技）

　Ａは右足前左手取りポジションで構え、Ｂは［右足前左Ｔの肘下］で受けます。この状態はＡに有利ですから、Ｂは右手でＡの上段を攻撃します。

　これに対してＡは右三角ポジションで受け、右手をＢの左腕にあてて右足を右転します。これに対しＢは右足を右に開いて左Ｔの肘で受けます。

| | **1** | **2** | **3** | **4** |
|---|---|---|---|---|
| Ａ | 右足前左手取り p | 右三角 p | 右足を左転して右手をＢの左腕に | 右手構えて左足後退 |
| Ｂ | 右足前左手下 | 右上段攻撃 | 右足を右転し左Ｔの肘 | 過剰反応で左足前進 |

＜右足前両腕ｐ［右足前両腕］＝左構えｐ「左螺旋回転パターン」左螺旋ｐ＝**左曲膝落腰**（決め技）＞

　この時、Ｂが過剰に抵抗すれば、ＡはＢのエネルギー方向を誘導するようにＢの左肘を絞り、右足を左転させ、右手をＢの左腕に押しあてます。

　その勢いに乗じて、左足を左転させ、左足重心で左膝を曲げ、右足を伸ばし、腰を落とし、右手を押し下げて**左曲膝落要**「決め技」として用います。

＊左曲膝落腰については 56 を参照してください。

| **5** | **6** | **7** | **8** |
|---|---|---|---|
| 右手をさらに押し当て、左足を左転 | 左足重心で、左膝を曲げて | 右足伸ばし腰を落として左曲膝落腰で構え | 下方へ |

＜右足前左手取りｐ［右足前Ｔの肘下］＝右三角ｐ＝**右肘回転**（決め技）＞

　次にＡが左足を後退させた時Ｂが過剰に反応して左足を前方に出してきたら、右足を左転し、右手を左腕に押しあて、右肘を絞り、右肘回転します。

　勢いに乗じて、左足を左転し、右足を伸ばして、右手を押し下げ、**右肘回転**を「決め技」として用います。

| **5** | **6** | **7** | **8** |
|---|---|---|---|
| 右足を左転して、Ｂの左肘を絞り、右手を左腕に押しあて右肘回転で構え | 右肘をさらに押し当て左足左転 | 右足を伸ばして | 下方へ |

# 37 左縦回転から双峰貫耳（決め技）

　Aは左前左手取りポジションで構えます。Bは［左前左Tの肘下］で受けます。
　この状態はAが有利ですので、Bが攻撃してくる前に左足を前進して右三角ポジションで右手を上げると同時に左手でBの右手に貼りつけて下に下げます。
　Aは右三角ポジションから「左縦回転パターン」の順番で動いて両手螺旋ポジションまで動きます。

| | **1** | **2** | **3** | **4** |
|---|---|---|---|---|
| A | 左前左手取りp | 左足前進右三角p | 左縦回転p | 左シーソーp |
| B | 左前左Tの肘下 | 右つま先後退左三角 | 右縦回転 | 右シーソー |

# 38 左単鞭（決め技-1）

　AB共に左足前両腕ポジションで構えます。このままでは膠着状態になりますから、Bは右手でAの左手首をフックし、さらに右足を左足に寄せて右手を推します。
　この時、Bが右手を過剰に推しこんできたら、その間隙に乗じてBの左肘を絞

| | **1** | **2** | **3** | **4** |
|---|---|---|---|---|
| A | 左足前両腕p | 左構えp | 左つま先を右足に寄せ 左螺旋p | 右手で 左肘を絞って |
| B | 左足前両腕 | 右手で左手首取り | 左つま先右足に寄せ、過剰推し | |

212

<左前左手取りp［左前左Tの肘下］＝右三角p「左縦回転パターン」両手螺旋p＝
**双峰貫耳**（決め技）＞

　この時Bが過剰抵抗すればBのエネルギーの方向へ加勢するように両手を返します。

　勢いに乗じてBの両手を押さえ、両手で指拳を作り、Bの両こめかみを挟んで、左足を踏みかえて**双峰貫耳**を「決め技」として用います。

＊「指拳」および双峰貫耳については 48 を参照してください。

| **5**<br>両手螺旋p<br>過剰抵抗 | **6**<br>両手押さえ | **7**<br>両手指拳で挟んで左足<br>を踏みかえて、双峰貫耳 | **8**<br>右足を踏みかえて前方へ |
|---|---|---|---|
|  |  |  |  |

<左足前両腕p［左足前両腕］＝左構えp＝左螺旋p＝**左単鞭**（決め技-1）＞

　り、Bのエネルギーを誘導するように左手を外旋回させて上に構えます。

　勢いに乗じて左足を前進し、左手をBの顔面にあてがって**左単鞭**を「決め技-1」として用います。

| **5**<br>左手を外旋し<br>上に構えて | **6**<br>左足前進 | **7**<br>左手をBの顔面に<br>あてがい左単鞭で構え | **8**<br>右足を踏みかえて前方へ |
|---|---|---|---|
|  |  |  |  |

# 39 左螺旋回転から右穿梭 （決め技）

　Aは左単鞭で構えます。Bは左つま先上げ右上段受けで構えます。この状態はAが有利ですから、Bは右手でAの左手首をフックします。

　これに対しAは左構えポジションから「左螺旋回転パターン」の順番で左螺旋ポジションと続けます。

　この時、Bが過剰に抵抗すればBのエネルギーの方向を誘導するように左手を

| | **1** | **2** | **3** | **4** |
|---|---|---|---|---|
| A | 左単鞭 | 左構えp | 左螺旋p | 右足を左足に寄せ 左手外旋回 |
| B | 左つま先上げ右上段受け | 右手で左手首取り | 過剰抵抗 | |

# 40 雲手 （決め技-1）

　Aは開脚左手取りポジションで構えます。Bは［開脚左Tの肘下］で受けます。この状態はAに有利ですから、Bは右手でAの上段を攻撃します。

　これに対しAは右三角ポジションで受け、さらに左手をB左手首をフックしたまま上に上げます。

　さらに、Bの右手を左三角ポジションで受替えると同時に右手をBの左手に貼りつけて下に下げます。

| | **1** | **2** | **3** | **4** |
|---|---|---|---|---|
| A | 開脚左手取りp | 右三角p | 左手上 | 左三角p |
| B | 開脚左Tの肘下 | 右上段攻撃 | 左上げ | 右三角 |

<左単鞭＝左構えp「左螺旋回転パターン」左螺旋p＝**右穿梭**（決め技）＞

外旋回させ、右足を左足に寄せます。
　勢いに乗じて左手でBの左肘を絞り、左足を前進させて右手をBの顔面にあてがって**右穿梭**を「決め技」として用います。

＊右穿梭については59を参照してください。

| **5** | **6** | **7** | **8** |
|---|---|---|---|
| 左手でBの<br>左肘を絞って | 左足前進 | 右手をBの顔面に<br>あてがい右穿梭で構え | 右足を踏みかえて<br>前方へ |

＜開脚左手取りp［開脚左Tの肘下］＝右三角p＝左手上＝左三角p「右縦回転パターン」右縦回転p＝**雲手**（決め技-1）＞

　Aが左三角ポジションから「右縦回転パターン」の順番で右縦回転ポジションと続けます。
　この時、Bが過剰に抵抗すれば、AはBのエネルギーの方向へ加勢するように左手でBの右肘を絞ります。
　勢いに乗じて、右足を左足に寄せて閉脚で、右手の平をBの左顔面にあてがって雲手を「決め技-1」として用います。

| **5** | **6** | **7** | **8** |
|---|---|---|---|
| 右縦回転p<br>過剰抵抗 | 左手でBの右肘を絞って、右手を<br>Bの左顔面にあてがい雲手で構え | 右足を左足に寄せ | 右足を踏みかえて前方へ |

## 41 左螺旋回転から右肘捶（決め技-1）

　Aは閉脚で雲手で構えます。Bは閉脚で左上段受けで防御します。

　この状態はAに有利ですから、Bは左手でAの右手首をフックして手を下に下げると同時に右手を切返して右手でAの左手首をフックします。

　これに対しAは両手構えポジションで構えます。両手構えポジションから「左螺旋回転パターン」の順番で左螺旋ポジションと続けます。

| | **1** | **2** | **3** | **4** |
|---|---|---|---|---|
| A | 閉脚雲手 | 両手構えｐ | 左足左横へ左螺旋ｐ | 左手外旋回 |
| B | 閉脚左上段受け | 両手首取り | 過剰抵抗 | |

## 42 雲手（決め技-2）

　Aは開脚左手取りポジションで構えます。Bは［開脚左Ｔの肘下］で構えます。この状態はAに有利ですから、Bは右手でAの上段を攻撃します。

　これに対しAは右三角ポジションで防御し、さらに左手をB左手首をフックしたまま、左三角ポジションでBの右手を受け、右手をBの左手に貼りつけて下げます。

　Aが左三角ポジションから「右縦回転パターン」の順番で右縦回転ポジションと続けます。

| | **1** | **2** | **3** | **4** |
|---|---|---|---|---|
| A | 開脚左手取りｐ | 右三角ｐ | 左手上 | 左三角ｐ |
| B | 開脚左手下 | 右上段攻撃 | 左上げ | 右三角 |

<雲手＝両手構えp「左螺旋回転パターン」左螺旋p＝**右肘捶**（決め技-1）>

この時、Bが過剰に抵抗すれば、Bの力のエネルギーの方向を誘導するように左手を外旋回させ、左足を左に開き、左手でBの左手首をフックします。

勢いに乗じてAは左手でBの左肘を絞り、右足を前進して右肘をBの胸にあてがって**右肘捶**を「決め技-1」として用います。

**5** 左手で左肘を絞って　　**6** 右足前進　　**7** 右肘をBの胸にあてがい右肘捶で構える　　**8** 前方へ

<開脚左手取りp［開脚左Tの肘下］＝右三角p＝左手上＝左三角p「右縦回転パターン」右縦回転パターン＝**雲手**>

この時、Bが過剰に推して来れば、Bのエネルギーの方向へ加勢するように左手でBの右肘を絞って引き下げます。

勢いに乗じて、右足を寄せ右手をBの左肘にあてがって右足を左足に寄せ、推し上げる**雲手**を「決め技-2」として用います。

＊雲手「決め技-1」は右手をBの左顔面にあてがうのに対し、雲手「決め技-2」は右手をBの左肘にあてがって対応します。

**5** 右縦回転p　過剰抵抗　　**6** 左手で右肘絞って、右手を左肘にあてがって雲手で構え　　**7** 右足を左足に寄せ、左肘を推し上げて　　**8** 左足を踏みかえて左下へ

# 43 左螺旋回転から右肘捶（決め技-2）

　Aは閉脚で雲手で構えます。Bは閉脚で左肘直角受けで構えます。
　この状態はAに有利ですから、Bは左手でAの右手首をフックして下げると同時に右手を切返してAの左手首をフックします。
　これに対しAは両手構えポジションで構え、「右螺旋回転パターン」の順番で、左足を後退させて左螺旋ポジションと続けます。
　この時、Bが過剰に抵抗すれば、Bのエネルギーの方向を誘導するように左手

| | **1** | **2** | **3** | **4** |
|---|---|---|---|---|
| **A** | 閉脚雲手 | 両手構えp | 左足後退左螺旋p | 左手外旋回 |
| **B** | 閉脚左肘受け | 両手首取り | 過剰抵抗 | |

# 44 雲手（決め技-3）

　Aは左前左手取りポジションで構えます。Bは［左前左Ｔの肘下］で受けます。
　この状態はAに有利ですから、Bは右手で右足を後退しながら上段を攻撃します。
　これに対しAは左足を前進させ右三角ポジションで受け、さらにBの右手首をフックした左手を上に上げます。
　続けてBの右手を左三角ポジションで受け替え、左三角ポジションポジションから「右縦回転パターン」の順番で右縦回転ポジションと続けます。

| | **1** | **2** | **3** | **4** |
|---|---|---|---|---|
| **A** | 左前左手取りp | 左足前進、右三角p | 左手上 | 左三角p |
| **B** | 左前左手下 | 右上段攻撃左つま先後退 | 左上げ右足下ろす | 右三角 |

応用編

＜雲手＝両手構えp「左螺旋回転パターン」左螺旋p＝**右肘捶**（決め技-2）＞

を外旋回させます。

　勢いに乗じて、左手でBの左肘を絞り、右足を踏みかえて、右肘をBの胸にあてがい、推し出し**右肘捶**を「決め技-2」として用います。

＊左螺旋回転から右肘捶「決め技-1」は左螺旋ポジションで左足を左に開くのに対して、左螺旋回転から右肘捶「決め技-2」は左足を後ろに後退させて対応します。

| 5 左手で左肘を絞って | 6 右足踏みかえて | 7 右肘をBの胸にあてがって、右肘捶で構える | 8 前方へ |

＜左前左手取りp［左前左Tの肘下］＝右三角p＝左手上＝左三角p「右縦回転パターン」右シーソーp＝**雲手**（決め技-3）＞

　この時、Bが過剰に抵抗すればAはBのエネルギーの方向へ加勢するように左手でBの右肘を絞って引き下げます。

　勢いに乗じて、右足を前進させ、左前に立ち、右手をBの左顔面にあてがい右足を前進して左足を踏みかえて**雲手**を「決め技-3」として用います。

＊雲手「決め技-1」と雲手「決め技-2」は右足を左に横進させて対応するのに対して、雲手「決め技-3」は右足を前進させて対応します。

| 5 右縦回転p 過剰抵抗 | 6 左手で右肘を絞って右手をBの右顔面にあてがって雲手で構える | 7 右足前進 | 8 左足を踏みかえて左下へ |

# 45 左単鞭（決め技-2）

　Aは雲手で構えます。Bは左上段受けで構えます。
　この状態はAに有利ですから、Bは左手でAの右手首をフックすると同時に右手を切返してAの左手首をフックします。これに対しAは両手構えポジションで構えます。
　このままでは膠着状態ですから、BはAの右手をフックしたまま右かかとを上げて推します。

| | ① | ② | ③ | ④ |
|---|---|---|---|---|
| A | 左前雲手 | 両手構えp | 左かかとを上げ右足に寄せ左螺旋p | 右手でBの左肘を絞って |
| B | 左前左上段受け | 両手首取り | 右手で過剰推し | |

# 46 高探馬（決め技）

　Aは左単鞭で構えます。Bは左つま先上げ右上段受けで構えます。この状態はAが有利ですから、Bは右手でAの左手首をフックして反撃します。
　これに対しAは左構えポジションから「左螺旋回転パターン」の順番で左螺旋ポジションまで動きます。

| | ① | ② | ③ | ④ |
|---|---|---|---|---|
| A | 左単鞭 | 左構えp | 左螺旋p | 右足を左足に寄せ、左手外旋回 |
| B | 左つま先上げ右上段受け | 右手で左手首取り | 過剰抵抗 | |

<応用編>

<雲手=両手構えp「左螺旋回転パターン」左螺旋p＝**左単鞭**（決め技-2）>

　この時Bが右手を過剰に推し込んできたら、間隙に乗じて右手でBの左肘を絞り、Bのエネルギーを誘導するように左手を外旋回させ上に構えます。
　勢いに乗じて左足を前進させ、左手をBの顔面にあてがって**左単鞭**を「決め技-2」として用います。

＊左単鞭「決め技-2」は左前雲手の構えから左単鞭を決め技として用いるという意味で「決め技-2」としました。

| 5 | 6 | 7 | 8 |
|---|---|---|---|
| 左手を外旋回させ上に構えて | 左足前進 | 左手をBの顔面にあてがい左単鞭で構え | 右足を踏みかえて前方へ |

<左単鞭=左構えp「左螺旋回転パターン」左螺旋p＝**高探馬**（決め技）>

　この時、Bが過剰に抵抗したら、Bの力のエネルギーの方向を誘導するように左手を外旋回させ、左手首をフックします。
　勢いに乗じて、右足を寄せて、左手でBの左肘を絞り、右手をBの顎にあてがって、左足を踏みかえて**高探馬**を「決め技」として用います。

| 5 | 6 | 7 | 8 |
|---|---|---|---|
| 左手でBの左肘絞って | 右手をBのあごにあてがい左かかと上げ高探馬で構え | 左足踏みかえ | 右足を踏みかえて前方へ |

# 47 右蹴り（決め技）

　Aは高探馬で構えます。Bは左前右上段受けで構えます。
　この状態はAが有利ですので、Bが反撃する前にAはBの左手首をフックした左手を上に上げて、左足を前進させます。
　続けて、Bの左手を左三角ポジションで受け替えて、「右縦回転パターン」の順番で右縦回転ポジションと続けます。

| | **1** | **2** | **3** | **4** |
|---|---|---|---|---|
| A | 左かかと上げ高探馬 | 左足前進左手上 | 左三角p | 右縦回転p |
| B | 左前右上段受け | 左手上 | 右三角 | 過剰抵抗 |

# 48 双峰貫耳（決め技）

　ABともに右足前両腕ポジションで構えます。このままでは膠着状態になりますから、Bは両手で推します。
　これに対しAは両肘を緩め、胸を左に回します。この時、Bが過剰に反応してさらに推しこんでくれば、左足重心で、Bを引き込み、沈みこんで、Bのエネル

| | **1** | **2** | **3** | **4** |
|---|---|---|---|---|
| A | 右足前両腕p | 両肘緩め | 胸を左に回す | 左足重心で左手でBの右肘を絞って |
| B | 右足前両腕 | 両手推し | さらに過剰推し | |

222

＜高探馬＝左手上＝左三角p「右縦回転パターン」両手螺旋p＝**右蹴り**（決め技）＞

この時、Bが過剰に推してくれば、AはBのエネルギーの方向へ誘導するよう左手を内旋回させてBの右肘の下にあてがい推しあげます。

勢いに乗じて右手を外旋回させて右手でBの左肘を絞り、Bを右に回転させるようにして、Bの左膝裏に右足をあてがって**右蹴り**を「決め技」として用います。

**5** 左手を内旋回して右肘を下から推し上げ、右手を外旋回させて左肘を絞る

**6** 右蹴り

**7** 右足下ろす

**8** 左足を踏みかえて右下へ

＜右足前両腕p［右足前両腕］＝**双峰貫耳**（決め技）＞

ギー反転させ、右手で左肘を絞る。

さらに、両手で指拳を作り、Bの両こめかみを挟んで右足を踏みかえて**双峰貫耳**を「決め技」として用います。

**5** 反転して、右手で左肘を絞って

**6** 両手を押さえ

**7** 右足を踏みかえて、両指拳でこめかみを挟んで双峰貫耳で構え

**8** 左足を踏みかえて前方へ

# 49 左螺旋回転から高探馬（決め技）

　Aは双峰貫耳で構えます。Bは右つま先上げ両手上段受けで構えます。この状態はAに有利ですから、Bは両手を返してAの両手首をフックします。

　これに対しAは両手構えポジションから「左螺旋回転パターン」の順番で左螺旋ポジションと続けます。

　この時、Bが過剰に抵抗すればAはBのエネルギーの方向を誘導するように左

| | **1** | **2** | **3** | **4** |
|---|---|---|---|---|
| A | 双峰貫耳 | 両手構えp | 左螺旋p | 左足を右足に寄せ、左手を外旋回して、左手首をフック |
| B | 右足前両手上段受け | 両手首取り | 過剰抵抗 | |

# 50 右肘回転から右攬雀尾（決め技）

　Aは右足前左手取りポジションで構えます。この時Bは［右足前左Tの肘下］で受けます。この状態はAに有利ですから、Bは右手でAの上段を攻撃します。

　これに対してAは右三角ポジションで受け、右肘をBの左腕にあてて右足を右転します。Bは右つま先を右に開いて左Tの肘で受けます。

　次にAは左足を後退させます。

| | **1** | **2** | **3** | **4** |
|---|---|---|---|---|
| A | 右足前左手取りp | 右三角p | 右足を左転、右手を左腕にあてがう | 右手を構えて左足後退 |
| B | 右足前左手下 | 右上段攻撃 | 右足右転、左Tの肘 | 右足を踏んばって過剰抵抗 |

<応用編>

<双峰貫耳＝両手構えp「左螺旋回転パターン」左螺旋p＝高探馬（決め技）>

手を外旋回させて、左足を右足に寄せ、Bの左手首をフックします。
　勢いに乗じて、Bの左肘を絞って、右足重心で右手をBの顎にあてがい左足を踏みかえて**高探馬**を「決め技」として用います。

＊高探馬については46を参照してください。

| **5** | **6** | **7** | **8** |
|---|---|---|---|
| 左手で左肘を絞って | 左かかとを上げて右手をBのあごにあてがって高探馬で構える | 左足を踏みかえて | 右足を踏みかえて前方へ |

<右足前左手取りp [右足前左Tの肘下]＝右三角p＝**右肘回転**＝**右攬雀尾**（決め技）>

　この時、Bが過剰に反応して右足を踏んばって抵抗したら、Bのエネルギーに加勢するように左肘絞って右足右転で右肘回転します。
　勢いに乗じて、左足を右足に寄せて、右足を前進させて**右攬雀尾**を「決め技」として用います。

＊右攬雀尾については32を参照してください。

| **5** | **6** | **7** | **8** |
|---|---|---|---|
| 右足右転で右肘回転で左手で左肘を絞る | 左足に右足を寄せ | 右足を前進して右攬雀尾で構え | 前方へ |

## 51 左縦回転から左穿梭（決め技）

　Aは左前左手取りポジションで構えます。Bは［左前左Tの肘下］で受けます。
　この状態はAが有利ですので、Bが右手で反撃してくる前にBの左手を右三角ポジションから「左縦回転パターン」の順番で左縦回転ポジションと続けます。
　この時、Bが過剰に抵抗すればBのエネルギーの方向へ加勢するように、右手でBの左手首をフックします。

| | **1** | **2** | **3** | **4** |
|---|---|---|---|---|
| A | 左前左手取りp | 左足前進、右三角p | 左縦回転p | 右手で左肘絞って |
| B | 左前左手下 | 右つま先後退左三角 | 過剰抵抗 | |

## 52 左蹴り（決め技）

　ＡＢともに左足前両腕ポジションで構えます。このままでは膠着状態ですから、Bは両手で推します。
　これに対しAは両肘を緩め、胸を右に回します。
　これにBが過剰に反応して右足を寄せてさらに推してきたら、左つま先を右足

| | **1** | **2** | **3** | **4** |
|---|---|---|---|---|
| A | 左足前両腕p | 両肘を緩めて | 胸を右に回す | 右足重心で左つま先を右足に寄せ |
| B | 左足前両腕 | 両手推し | 両手を右に回す | 右足を左足に寄せて過剰推し |

<左前左手取りp［左前左Tの肘下］＝右三角p「左縦回転パターン」左縦回転p＝**左穿梭**（決め技）＞

　勢いに乗じて右手でBの左肘を絞って、左手を内旋回させてBの右手の内側に来るようにします。

　次に、左足に右つま先を寄せ、さらに右足を斜め前に前進させ左手をBの左顔面にあてがい**左穿梭**を「決め技」として用います。

＊左穿梭については58を参照してください。

| **5** 右つま先を左足に寄せて、左手を内旋回 | **6** 右足斜め前進 | **7** 左手をBの左顔面にあてがって左穿梭で構える | **8** 左足を踏みかえて前方へ |

＜左足前両腕p［左足前両腕］＝**左蹴り**（決め技）＞

に寄せて、Bのエネルギーの方向を反転させます。

　勢いに乗じて、左手でBの右肘を絞り、Bを左に回して、Bの右足の膝裏を左足をあてがい**左蹴り**して「決め技」として用います。

| **5** 反転して、左手で右肘を絞り | **6** 左蹴り | **7** 左下ろす | **8** 左下へ |

## 53 右曲膝落腰 （決め技）

　ＡＢともに左足前両腕ポジションに構えます。このままでは膠着状態になりますので、ＢはＡの右手を取ります。これに対しＡは右構えポジションで構えます。
　右構えポジションから「右螺旋回転パターン」の順番で右螺旋ポジションと続けます。

| | **1** | **2** | **3** | **4** |
|---|---|---|---|---|
| A | 左足前両腕 p | 右構え p | 右螺旋 p | 左足を右転し、右手で左肘を絞り、左手をＢの右腕に押しあてる |
| B | 左足前両腕 | 右手取り | 過剰抵抗 | |

## 54 右膝蹴り （決め技）

　Ａは右曲膝落腰で構えます。Ｂは左曲膝落腰右Ｔの肘で受けます。この状態はＡに有利ですから、Ｂは左手でＡの上段を攻撃します。
　これに対しＡは右三角ポジションで防御します。
　右三角ポジションから「左縦回転パターン」の順番で左足を右足に少し引き寄せ、左縦回転ポジションと続けます。

| | **1** | **2** | **3** | **4** |
|---|---|---|---|---|
| A | 右曲膝落腰 | 右三角 p | 左足を少し右足に寄せ、左縦回転 | 右手を左肘の上に、左手で右肘を下に |
| B | 左足前右Ｔの肘受け | 左上段攻撃 | 過剰抵抗 | |

<応用編>

<左足前両腕 p［左足前両腕］＝右構え p「右螺旋回転パターン」右螺旋 p＝
**右曲膝落腰**（決め技）>

　この時、Bが過剰に抵抗すればBのエネルギーの方向を誘導するように、Bの
右肘を絞り、左足を右転し、左手をBの右腕に押しあてます。
　勢いに乗じて、右足を右転させて、右膝を曲げ、左足を伸ばし、腰を落として
左手を押し下げて**右曲膝落腰**を「決め技」として用います。

**5** さらに左手を押し当て、右足を右転

**6** 右足重心で右膝を曲げる

**7** 左足伸ばし、腰を落として右曲膝落腰で構える

**8** 下方へ

<右曲膝落腰＝右三角 p「左縦回転パターン」両手螺旋 p＝**右膝蹴り**（決め技）>

　この時、Bが過剰に抵抗すればBのエネルギーの方向を加勢するように、右手
でBの左肘を押え、左手をBの右肘の下に貼りつけます。
　勢いに乗じて右つま先を左足に寄せ、左手でBの左肘を絞ると同時に、左手を
推しあげて右膝でBの左脇腹にあてがい**右膝蹴り**を「決め技」として用います。

**5** 右手で左肘を絞って、左手で右肘を推し上げ

**6** 右膝蹴り

**7** 右足下ろす

**8** 左足を踏みかえて左下へ

## 55 左曲膝落腰（決め技）

　ＡＢともに右足前両腕ポジションに構えます。このままでは膠着状態になりますので、ＢはＡの左手を取ります。これに対しＡは左構えポジションで構えます。

　左構えポジションから「右螺旋回転パターン」の順番で左螺旋ポジションと続けます。

| | **1** | **2** | **3** | **4** |
|---|---|---|---|---|
| Ａ | 右足前両腕ｐ | 左構えｐ | 左螺旋ｐ | 右肘を絞って、右足を左転し、右手を左腕に押しあてる |
| Ｂ | 右足前両腕 | 左手取り | 過剰抵抗 | |

## 56 左膝蹴り（決め技）

　Ａは左曲膝落腰で構えます。Ｂは右曲膝落腰左Ｔの肘で構えます。この状態はＡに有利ですから、Ｂは右手でＡの上段を攻撃します。

　これに対しＡは左三角ポジションで防御します。

　左三角ポジションから「右縦回転パターン」の順番で、右足を少し左足に寄せ、右縦回転ポジションまで続けます。

| | **1** | **2** | **3** | **4** |
|---|---|---|---|---|
| Ａ | 左曲膝落腰 | 左三角ｐ | 右足を少し左足に寄せ、右縦回転ｐ | 左手で右肘を上から押え、右手を左肘の下に |
| Ｂ | 右足前左Ｔの肘受け | 右上段攻撃 | 過剰抵抗 | |

> 応用編

<右足前両腕P［右足前両腕］＝左構えP「左螺旋回転パターン」左螺旋P＝**左曲膝落腰（決め技）**＞

　この時、Bが過剰に抵抗すればAはBのエネルギーの方向を誘導するように、Bの左肘を絞り、右手をBの左腕に押しあて、右足を左転します。

　勢いに乗じて、左足を左転し、右足を伸ばして左膝を曲げて腰を落として右手を押し下げ、**左曲膝落腰**を「決め技」として用います。

**5** さらに右手を押し当て、左足を左転

**6** 左足重心で、左膝を曲げて

**7** 右足を伸ばして腰を落として、左曲膝落腰で構える

**8** 下方へ

<左曲膝落腰＝左三角p「右縦回転パターン」右縦回転p＝**左膝蹴り（決め技）**＞

　この時、Bが過剰に抵抗すればBのエネルギーの方向へ加勢するように左手でBの右肘を上から押さえ、右手をBの左肘に下に貼りつけます。

　勢いに乗じて左つま先を右足に寄せ、左手でBの右肘を絞ると同時に右手を推し上げ、左膝をBの右脇腹にあてがって**左膝蹴り**を「決め技」として用います。

**5** 左手で右肘を絞って、右手で左肘を推し上げ

**6** 左膝蹴り

**7** 左足下ろす

**8** 右足を踏みかえて左下へ

## 57 左螺旋回転から左単鞭（決め技）

　ＡＢともに左足前両腕ポジションで構えます。このままでは膠着状態になりますから、Ｂは右手でＡの左手首をフックします。

　これに対しＡは左構えポジションで構え、「左螺旋回転パターン」の順番で左螺旋ポジションと続けます。

　この時、Ｂが過剰に推してきたら、右手でＢの左肘を絞ります。

| | **1** | **2** | **3** | **4** |
|---|---|---|---|---|
| Ａ | 左足前両腕ｐ | 左構えｐ | 左つま先を右足に寄せ、左螺旋ｐ | 右手で左肘を絞って |
| Ｂ | 左足前両腕 | 右左手首取り | 右足前進、右手で過剰推し | |

## 58 左穿梭（決め技）

　Ａは左足前左手取りポジションで構えます。Ｂは［左足前左Ｔの肘下］で受けます。

　この状態はＡに有利ですので、Ｂが反撃してくる前に右三角ポジションから「左縦回転パターン」の順番で左縦回転ポジションと続けます。

　この時、Ｂが過剰に推して来れば、勢いに乗じて、ＡはＢのエネルギーに加勢

| | **1** | **2** | **3** | **4** |
|---|---|---|---|---|
| Ａ | 左足前左手取りｐ | 右三角ｐ | 左縦回転ｐ | 右手で左肘を絞って |
| Ｂ | 左足前左手下 | 左三角 | 過剰抵抗 | |

<＜左足前両腕ｐ［左足前両腕］＝左構えｐ「左螺旋回転パターン」左螺旋ｐ＝**左単鞭**（決め技）＞

　勢いに乗じて、Bのエネルギーの方向を誘導するように左手を外旋回させ、上に構えて、左足を前進させ、左手をBの顔面にあてがい**左単鞭**を「決め技」として用います。

＊左単鞭については38を参照してください。

| **5** | **6** | **7** | **8** |
|---|---|---|---|
| 左手を外旋回させ上に構えて | 左足前進 | 左手をBの顔面にあてがい左単鞭で構える | 右足を踏みかえて前方へ |

＜左足前左手取りｐ［左足前左Tの肘下］＝右三角ｐ「左縦回転パターン」左縦回転ｐ＝**左穿梭**（決め技）＞

するように右手でBの左肘を絞ります。
　その間隙に乗じて、左手を内旋回させてBの右手の内側にくるように貼りつけ、右つま先を左足に寄せ、さらに右足を斜めに前進させます。
　勢いに乗じて、右手を引いて左手をBの顔面にあてがい**左穿梭**を「決め技」として用います。

| **5** | **6** | **7** | **8** |
|---|---|---|---|
| 左手を内旋回して、右つま先を左足に寄せ | 右足斜め前進 | 左手をBの顔面にあてがい左穿梭で構えて | 左足を踏みかえて前方へ |

## 59 右穿梭（決め技）

　Aは左穿梭で構えます。Bは右つま先を上げ右上段受けで構えます。
　この状態はAに有利ですから、BはAの左手を取ります。これに対しAは左構えポジションから「左螺旋回転パターン」の順番で左螺旋ポジションと続けます。
　この時、Bが過剰に抵抗すればBのエネルギーの方向を誘導するように左手を

|   | **1** | **2** | **3** | **4** |
|---|---|---|---|---|
| A | 左穿梭 | 左構えp | 左螺旋p | 左つま先を右足に寄せ、左手を外旋回させて左手首をフック |
| B | 右つま先上げ右上段受け | 左手取り | 過剰抵抗 | |

## 60 海底針（決め技）

　Aは右穿梭で構えます。Bは左つま先上げ右上段受けで構えます。
　AはBが反撃してくる前に、左手でBの左手首をフックしたまま上に上げ、左三角ポジションでBの右手の防御し、右手をBの左手に貼りつき下に下げます。
　左三角ポジションから「右縦回転パターン」の順番通りに右シーソーポジションまで動きます。

|   | **1** | **2** | **3** | **4** |
|---|---|---|---|---|
| A | 右穿梭 | 左手上 | 左三角p | 右縦回転p |
| B | 左足前右上段受け | 左手上 | 右三角 | 左縦回転 |

# 応用編

## ＜左穿梭＝左構えp「左螺旋回転パターン」左手返しp＝右穿梭（決め技）＞

外旋回させ、左つま先を右足に寄せて、Ｂの左手首をフックします。

　勢いに乗じて、Ｂの左肘を絞って、左足を斜めに前進させて右手をＢの顔面にあてがい**右穿梭**を「決め技」として用います。

| 5 | 6 | 7 | 8 |
|---|---|---|---|
| 左手で<br>左肘を絞って | 左足前進 | 右手をＢの顔面にあてがい、<br>右穿梭で構える | 右足を踏みかえて前方へ |

## ＜右穿梭＝左手上＝左三角p「右縦回転パターン」右シーソーp＝海底針（決め技）＞

この時、Ｂが過剰に抵抗すれば、Ｂのエネルギーをもらって、右足を前に寄せて、右手をＢの左膝裏にあてがうと同時に左手をＢの左顔面にあてがいます。

　勢いに乗じて、左かかと上げて体を右転して左足を踏みかえて**海底針**を「決め技」として用います。

| 5 | 6 | 7 | 8 |
|---|---|---|---|
| 右シーソーp<br>過剰抵抗 | 右足を左足に寄せ、右手をＢの<br>左膝裏、左手をＢの左顔面に<br>あてがい海底針で構える | 左かかとを上げ<br>身体を右転 | 右足を踏みかえて右下へ |

## 61 閃通背（決め技）

　Aは海底針で構えます。Bは左前右上段左下段受けで構えます。この状態はAに有利ですから、BはAの右手を取って反撃します。
　これに対しAは右構えポジションから「右螺旋回転パターン」の順番通りに右旋ポジションまで動きます。

|   | **1** | **2** | **3** | **4** |
|---|---|---|---|---|
| A | 海底針 | 右構えｐ | 右螺旋ｐ | 右手外旋回、右手首をフックして |
| B | 左前左下段右肘受け | 右手取り | 過剰抵抗 | |

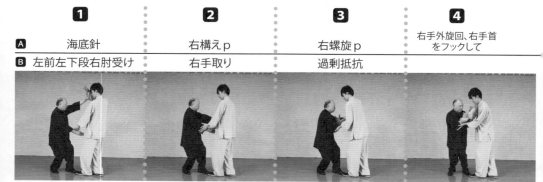

## 62 右螺旋回転から右肘捶（決め技-1）

　Aは閃通背で構えます。Bは右つま先上げ左上段受けで構えます。この状態はAに有利ですから、Bは右手を切返してAの右手首をフックして反撃します。
　これに対しAは左足を左転して右構えポジションで構えます。
　Aが右構えポジションから「右螺旋回転パターン」の順番通りに右螺旋ポジションと続けます。

|   | **1** | **2** | **3** | **4** |
|---|---|---|---|---|
| A | 閃通背 | 右構えｐ | 右螺旋ｐ | 左足を左転し、右手外旋回、右足を左足に寄せ、左手でBの左手首をフック |
| B | 左つま先上げ左上段受け | 右手首取り | 過剰抵抗 | |

応用編

<海底針＝右構えp「右螺旋回転パターン」右螺旋p＝**閃通背**（決め技）＞

　この時、Bが過剰に抵抗すればBのエネルギーをもらって、誘導するように右手を外旋回させBの右手をフックします。

　勢いに乗じて、右足を寄せて、右手で右肘を絞って、左足を前進させて騎馬立ちで左手をBの左顔面にあてがい**閃通背**を「決め技」として用います。

| **5**<br>右手で<br>右肘を絞って | **6**<br>左足前進 | **7**<br>騎馬立ちで左手をBの顔面<br>にあてがい閃通背で構える | **8**<br>右足を踏みかえて前方へ |
|---|---|---|---|

<閃通背＝右構えp「右螺旋回転パターン」右螺旋p＝**右肘捶**（決め技）＞

　この時、Bが過剰に抵抗すればAはBのエネルギーをもらって誘導するように右手を外旋回させ、右足を左足に寄せます。

　その間隙に乗じて左手でBの左手首をフックし、左手で左肘を絞ります。

　勢いに乗じて、左足を前進させ、右肘をBの胸にあてがって推しだし**右肘捶**を「決め技-1」として用います。※41の右肘捶（決め技-1）と同じです。

| **5**<br>左手で<br>左肘を絞って | **6**<br>右足前進 | **7**<br>右肘をBにあてがい<br>右肘捶で構える | **8**<br>前方へ |
|---|---|---|---|

## 63 左肘回転から左攬雀尾 （決め技）

　Aは左足前右手取りポジションで構え、Bは［左足前右Tの肘下］で受けます。この状態はAに有利ですから、Bは左手でAの上段を攻撃します。

　これに対してAは左三角ポジションで受け、左手をBの右腕にあてて左足を左転します。Bは左つま先を左に開いて左Tの肘で受けます。

　次にAが右足を後退させます。

| | 1 | 2 | 3 | 4 |
|---|---|---|---|---|
| A | 左足前右手取りp | 左三角p | 左手をBの右腕に、左足右転 | 左手で構えて右足後退 |
| B | 左足前右Tの肘下 | 左上段攻撃 | 左足左転右Tの肘 | 左足で踏んばって過剰抵抗 |

## 64 搬攔捶 （決め技）

　Aは右前右手取りポジションで構えます。Bは［右前右Tの肘下］で受けます。この状態はAに有利ですから、Bは右手を切返してAの右手首をフックします。

　これに対しAは右構えポジションで構え、右足を斜めに前進させ右手で指拳を作り右手の甲を返して「搬」します。

　この時、Bが過剰に抵抗すればBのエネルギーをもらって誘導するように右手

| | 1 | 2 | 3 | 4 |
|---|---|---|---|---|
| A | 右前右手取りp | 右構えp | 右手指拳を返して、右足前進して搬 | 左手でBの右肘を取って絞り |
| B | 右前右Tの肘下 | 右手を切返して右手首取り | 過剰抵抗 | |

<左足前右手取りp［左足前右Tの肘下］＝左三角＝**左肘回転**＝**左攬雀尾**（決め技）＞

　この時、Bが過剰に反応して右足に重心を残して抵抗したら、Bのエネルギーに加勢するように右手でBの右肘を絞って左足を左転して左肘回転をします。
　勢いに乗じて、右足を左足に寄せ、左足を前進させ、左手に右手を合わせて左攬雀尾を「決め技」として用います。

＊左攬雀尾については 25 を参照してください。

| **5** | **6** | **7** | **8** |
|---|---|---|---|
| 左足を左転し、左肘回転で右手で右肘を絞る | 右足を左足に寄せ | 左足を前進して左攬雀尾で構え | 前方へ |

<右前右手取りp［右前右Tの肘下］＝右構えp＝**搬攔捶**（決め技）＞

の指拳返しながら左手でBの右肘を取って絞ります。
　間隙に乗じて、左足を右足に寄せ、左手でBの右肩を押さえて、背中を向けさせるように「攔」でさえぎります。
　勢いに乗じて、左足を前進して右指拳をBの右脇腹にあてがって「捶」を「決め技」として用います。

| **5** | **6** | **7** | **8** |
|---|---|---|---|
| 左足を右足に寄せ、左手の攔でBの右肩を押さえてBの背中を向かせ | 左足前進 | 右指拳を右脇腹にあてがい | 前方へ「捶」 |

## 65 如封似閉から右攬雀尾 (決め技)

　Aは右手の指拳で「搬攬捶」の「捶」で構えます。これに対しBは左つま先を上げて左中段受けで構えます。この状態はAに有利ですから、BはAの右手を取ります。

　これに対しAは左手を上に上げあたかも両手の手の平を手前に向けて門を閉じる如くBの手首を挟み**如封似閉**で構えます。

　この時、Bが過剰に推して来ればBのエネルギーをもらって誘導するよう左手

|   | **1** | **2** | **3** | **4** |
|---|---|---|---|---|
| A | 右指拳で捶 | 右構えp | 左手を上げて如封似閉 | 左手でBの右手首をフック、右手でBの左手を押さえ |
| B | 左つま先上げ左中段受け | 右手取り | 過剰推し | |

## 66 右円回転 (決め技-2)

　AB ともに左足前両腕ポジションで構えます。このままでは膠着状態になりますから、BはAの両手を推します。

　これに対しAは両肘を緩め、胸を右に回し、右円回転します。

　この時、Bが過剰に反応して推し込んできたら、左足を右転し、右手で左肘を

|   | **1** | **2** | **3** | **4** |
|---|---|---|---|---|
| A | 左足前両腕p | 両肘緩めて | 胸を右に回して右円回転 | 左足右転で右手で左肘を絞り左下手投げの要領で構える |
| B | 左足前両腕 | 両手で過剰推し | 過剰推し | |

## ＜搬攔捶＝右構えｐ＝如封似閉＝右攬雀尾（決め技）＞

でＢの右手首をフックし、右手でＢの左手を押さえます。
　間隙に乗じて、左手でＢの右手首を絞って、右足を左足に寄せ、右手を内旋回させてＢの左腕にあてがいます。
　勢いに乗じて、右足を前進させて右手に左手を合わせて**右攬雀尾**を「**決め技**」として用います。
　＊右攬雀尾については 32 を参照してください。

| **5** | **6** | **7** | **8** |
|---|---|---|---|
| 左手で右肘を絞って、右足を左足に寄せ、右手を内旋回させＢの左腕にあてがう | 右足前進 | 右攬雀尾で構えて | 前方へ |

## ＜左足前両腕ｐ［左足前両腕］＝右円回転（決め技-2）＞

絞り、右下手投げ要領で構えます。
　勢いに乗じて、左重心で、右かかとを上げ、右足を踏みかえ、左足を踏みかえ、**右円回転**を「**決め技 -2**」として用います。
　※右円回転から両手推しを決め技として用いる場合を「決め技 -1」としました。

| **5** | **6** | **7** | **8** |
|---|---|---|---|
| 左足に重心を移し | 右かかと上げ | 右足をふみかえて | 左足をふみかえて右下へ |

## 67 右螺旋回転から手揮琵琶（決め技）

　ＡＢともに左足前両腕ポジションで構えます。この状態のままでは膠着状態ですから、ＢはＡの右手を取ります。これに対しＡは右構えポジションで構えます。

　Ａは右構えポジションから「右螺旋回転パターン」の順番通りに右手返しポジションまで続けます。

　右手返しポジションでＢが右肘で過剰に推して来たら、Ｂのエネルギーをも

| | ❶ | ❷ | ❸ | ❹ |
|---|---|---|---|---|
| Ａ | 左足前両腕ｐ | 右構えｐ | 右螺旋ｐ | 左手の平ｐ |
| Ｂ | 左足前両腕 | 右手取り | 右上左Ａの肘 | 右肘で過剰推し |

## 68 十字手から右攬雀尾（決め技）

　Ａが閉脚右手取りポジションで構えます。この時Ｂは［閉脚右Ｔの肘下］となります。この状態ではＡが有利ですから、Ｂは左手でＡの上段攻撃することで反撃します。

　Ｂが左手で上段を攻撃してきたらＡは左足を横に開いてＡの右手首をフックしたまま、右手に左手を重ねて十字手で防御します。

　十字手で防御した時Ｂが左手で過剰に推してきたらＢのエネルギーをもらって

| | ❶ | ❷ | ❸ | ❹ |
|---|---|---|---|---|
| Ａ | 閉脚右手取りｐ | 左足先横に開いて十字手 | 左手でＢの左手首をフック | 左手でＢの左肘を絞って |
| Ｂ | 閉脚右手下 | 右足を横に左上段攻撃で過剰推し | | |

<左足前両腕p［左足前両腕］「右螺旋回転パターン」右手返しp＝**手揮琵琶**（決め技）＞

らって、左手と右手でBの右肘を曲げるように誘導します。

さらに右手でBの右手をフックし右足を左足に寄せて腰を落とします。

勢いに乗じて左手Bの右肘を曲げるようにあてがって左足を前進させ、両手を前に出して**手揮琵琶**を「決め技」として用います。

＊手揮琵琶については18を参照して下さい。

| 5 | 6 | 7 | 8 |
|---|---|---|---|
| 右足を左足に寄せ、左手でBの右肘を曲げるように誘導して、Bの右手をフックして腰を落とす | 左手でBの左肘を曲げるようにあてがって左足前進 | 両手を前に出して手揮琵琶で構えて | 右足を踏みかえ前方へ |

<閉脚右手取りp［閉脚右Tの肘下］＝**十字手＝右攬雀尾**（決め技）＞

加勢するように左手でBの左手をフックします。

その勢いに乗じて左手でBの右肘を絞り、右手を内旋回させて右手をBの左腕にあてがいます。

次に右足を前進させて、右手に左手を合わせて**右攬雀尾**を「決め技」として用います。

＊右攬雀尾については32を参照してください。

| 5 | 6 | 7 | 8 |
|---|---|---|---|
| 右手を内旋回 左手をBの左腕に | 右足前進 | 右攬雀尾で構え | 前方 |

## ショートバージョン

　江口式二人でできる太極拳は一式ごとに区切れますので70式を何組かに分割して練習できます。私の教室では下記のように5組に分割して練習しています。YOUTUBEにこの第1組みから第5組をアップロードしましたので参考にして下さい。

### ●第1組　〈HARMONY TAICHI BY EGUCHI SET 1〉

| | | |
|---|---|---|
| 1 | 太極呼吸 | 閉脚両手下〔開脚両手下〕=**太極呼吸**=閉脚両手下〔閉脚両手下〕 |
| 2 | 開脚 | 閉脚両手下〔閉脚両手下〕=**開脚**=開脚両手下〔開脚両手下〕 |
| 3 | 起勢 | 開脚両手下〔開脚両手下〕=両腕p=両手構えp=**起勢**=両手螺旋p「縦回転パターン」開脚両腕p〔開脚両腕〕 |
| 4 | 反転回転 | 開脚両腕p〔開脚両腕〕=**反転回転**=左前両腕p〔左前両腕〕 |
| 5 | 右螺旋回転 | 左前両腕p〔左前両腕〕=右構えp「**右螺旋回転パターン**」左前右手取りp〔左前右Tの肘下〕 |
| 6 | 左野馬分鬃 | 左前右手取りp〔左前右Tの肘下〕=左三角p=**左野馬分鬃** |
| 7 | 左螺旋回転 | 左野馬分鬃=左構えp「**左螺旋回転パターン**」左足前左手取りp〔左足前左Tの肘下〕 |
| 8 | 右野馬分鬃 | 左足前左手取りp〔左足前左Tの肘下〕=右三角p=**右野馬分鬃** |
| 9 | 右螺旋回転 | 右野馬分鬃=右構えp「**右螺旋回転パターン**」右足前右手取りp〔右足前右Tの肘下〕 |
| 10 | 左野馬分鬃 | 右足前右手取りp〔右足前右Tの肘下〕=左三角p=右手上=**左野馬分鬃** |
| 11 | 右縦回転 | 左野馬分鬃=左三角p「**右縦回転パターン**」左足前両腕p〔左足前両腕〕 |
| 12 | 右螺旋回転 | 右螺旋回左足前両腕p〔左足前両腕〕=右構えp「**右螺旋回転パターン**」閉脚右手取りp〔閉脚右Tの肘下〕 |
| 13 | 十字手 | 閉脚右手取りp〔閉脚右Tの肘下〕=**十字手**=右三角p「左縦回転パターン」開脚両手下p〔開脚両手下〕 |
| 14 | 閉脚 | 開脚両手下p〔開脚両手下〕=**閉脚**=閉脚両手下p〔閉脚両手下〕 |
| 15 | 太極呼吸 | 閉脚両手下p〔閉脚両手下〕=**太極呼吸**=閉脚両手下p〔閉脚両手下〕 |

●第2組 〈HARMONY TAICHI BY EGUCHI SET 2〉

| | | |
|---|---|---|
| 1 | 太極呼吸 | 閉脚両手下〔開脚両手下〕＝**太極呼吸**＝閉脚両手下〔閉脚両手下〕 |
| 2 | 開脚 | 閉脚両手下〔閉脚両手下〕＝**開脚**＝開脚両手下〔開脚両手下〕 |
| 3 | 起勢 | 開脚両手下〔開脚両手下〕＝両腕 p ＝両手構え p ＝**起勢**＝両手螺旋 p「縦回転パターン」開脚両腕 p〔開脚両腕〕 |
| 4 | 反転回転 | 開脚両腕 p〔開脚両腕〕＝**反転回転**＝左前両腕 p〔左前両腕〕 |
| 5 | 右螺旋回転 | 左前両腕 p〔左前両腕〕＝右構え p「**右螺旋回転**パターン」左前右手取り p〔左前右Tの肘下〕 |
| 6 | 白鶴亮翅 | 左前右手取り p〔左前右Tの肘下〕＝左三角 p「右縦回転パターン」両手螺旋 p＝**白鶴亮翅** |
| 7 | 左内旋回 | 白鶴亮翅＝右構え p＝左手の平 p＝左前**左内旋回**〔左前右Tの肘下〕 |
| 8 | 右摟膝拗歩 | 左前左内旋回〔左前右Tの肘下〕＝右三角 p＝**右摟膝拗歩** |
| 9 | 右内旋回 | 右摟膝拗歩＝左構え p＝右手の平 p＝左足前**右内旋回**〔左足前左Tの肘下〕 |
| 10 | 左摟膝拗歩 | 左足前右内旋回〔左足前左Tの肘下〕＝左三角 p＝**左摟膝拗歩** |
| 11 | 左内旋回 | 左摟膝拗歩＝右構え p＝左手の平 p＝右足前**左内旋回**〔左足前右Tの肘下〕 |
| 12 | 右摟膝拗歩 | 右足前左内旋回〔左足前右Tの肘下〕＝右三角 p＝**右摟膝拗歩** |
| 13 | 手揮琵琶 | 右摟膝拗歩＝右構え p「右螺旋回転パターン」右手返し p＝右フック p＝**手揮琵琶** |
| 14 | 右縦回転 | 手揮琵琶＝左三角 p「**右縦回転**パターン」左足前両腕 p〔左足前両腕〕 |
| 15 | 右螺旋回転 | 左足前両腕 p〔左足前両腕〕＝右構え p「**右螺旋回転**パターン」閉脚右手取り p〔閉脚右Tの肘下〕 |
| 16 | 十字手 | 閉脚右手取り p〔閉脚右Tの肘下〕＝**十字手**＝右三角 p「左縦回転パターン」開脚両手下 p〔開脚両手下〕 |
| 17 | 閉脚 | 開脚両手下 p〔開脚両手下〕＝**閉脚**＝閉脚両手下 p〔閉脚両手下〕 |
| 18 | 太極呼吸 | 閉脚両手下 p〔閉脚両手下〕＝**太極呼吸**＝閉脚両手下 p〔閉脚両手下〕 |

● 第 3 組 〈HARMONY TAICHI BY EGUCHI SET 3〉

| | | |
|---|---|---|
| 1 | 太極呼吸 | 閉脚両手下〔開脚両手下〕＝太極呼吸＝開脚両手下〔閉脚両手下〕 |
| 2 | 開脚 | 閉脚両手下〔閉脚両手下〕＝**開脚**＝開脚両手下〔開脚両手下〕 |
| 3 | 起勢 | 開脚両手下〔開脚両手下〕＝両腕 p＝両手構え p＝**起勢**＝両手螺旋 p「縦回転パターン」開脚両腕 p〔開脚両腕 p〕 |
| 4 | 反転回転 | 開脚両腕 p〔開脚両腕 p〕＝**反転回転**＝左前両腕 p〔左前両腕〕 |
| 5 | 右螺旋回転 | 左前両腕 p〔左前両腕〕＝右構え p「**右螺旋回転パターン**」左前右手取り p〔左前右Tの肘下〕 |
| 6 | 右縦回転 | 左前右手取り p〔左前右Tの肘下〕＝左三角 p「**右縦回転パターン**」左足前両腕 p〔左足前両腕〕 |
| 7 | 右倒攆猴 | 左足前両腕 p〔左足前両腕〕＝**右倒攆猴**＝右足前両腕 p〔右足前両腕〕 |
| 8 | 左倒攆猴 | 右足前両腕 p〔右足前両腕〕＝**左倒攆猴**＝左足前両腕 p〔左足前両腕〕 |
| 9 | 右倒攆猴 | 左足前両腕 p〔左足前両腕〕＝**右倒攆猴**＝右足前両腕 p〔右足前両腕〕 |
| 10 | 左倒攆猴 | 右足前両腕 p〔右足前両腕〕＝**左倒攆猴**＝左足前両腕 p〔左足前両腕〕 |
| 11 | 左懶扎衣 | 左足前両腕 p〔左足前両腕〕＝左構え p＝**左懶扎衣** |
| 12 | 左攬雀尾 | 左懶扎衣＝左構え p＝**左攬雀尾** |
| 13 | 左縦回転 | 左攬雀尾＝左三角 p「**左縦回転パターン**」左足前両腕 p〔左足前両腕〕 |
| 14 | 右円回転 | 左足前両腕 p〔左足前両腕〕＝**右円回転**＝左足前両腕 p〔左足前両腕〕 |
| 15 | 右螺旋回転 | 左足前両腕 p〔左足前両腕〕＝右構え p「**右螺旋回転パターン**」左足前右手取り p〔左足前右Tの肘下〕 |
| 16 | 左肘回転 | 左足前右手取り p〔左足前右Tの肘下〕＝左三角 p＝**左肘回転**＝右前右手取り p〔右前右Tの肘下〕 |
| 17 | 右縦回転 | 右前右手取り p〔右前右Tの肘下〕＝左三角 p「**右縦回転パターン**」右足前両腕 p〔右足前両腕〕 |
| 18 | 右懶扎衣 | 右足前両腕 p〔右足前両腕〕＝右構え p＝**右懶扎衣** |
| 19 | 右攬雀尾 | 右懶扎衣＝右構え p＝**右攬雀尾** |
| 20 | 右縦回転 | 右攬雀尾＝左三角 p「**右縦回転パターン**」右足前両腕 p〔右足前両腕〕 |
| 21 | 左円回転 | 右足前両腕 p〔右足前両腕〕＝**左円回転**＝右足前両腕 p〔右足前両腕〕 |
| 22 | 左螺旋回転 | 右足前両腕 p〔右足前両腕〕＝左構え p「**左螺旋回転パターン**」右足前左手取り p〔右足前左Tの肘下〕 |
| 23 | 右肘回転 | 右足前左手取り p〔右足前左Tの肘下〕＝右三角 p＝**右肘回転**＝左前左手取り p〔左前左Tの肘下〕 |
| 24 | 左縦回転 | 左前左手取り p〔左前左Tの肘下〕＝右三角 p「**左縦回転パターン**」左足前両腕 p〔左足前両腕〕 |
| 25 | 右螺旋回転 | 左足前両腕 p〔左足前両腕〕＝右構え p「**右螺旋回転パターン**」閉脚右手取り p〔閉脚右Tの肘下〕 |

| 26 | 十字手 | 閉脚右手取りp〔閉脚右Tの肘下〕=十字手=右三角p「左縦回転パターン」開脚両手下p〔開脚両手下〕 |
| 27 | 閉脚 | 開脚両手下p〔閉脚両手下〕=閉脚=閉脚両手下p〔閉脚両手下〕 |
| 28 | 太極呼吸 | 閉脚両手下p〔閉脚両手下〕=太極呼吸=閉脚両手下p〔閉脚両手下〕 |

●第4組 〈HARMONY TAICHI BY EGUCHI SET 4〉

| 1 | 太極呼吸 | 閉脚両手下〔開脚両手下〕=太極呼吸=閉脚両手下〔閉脚両手下〕 |
| 2 | 開脚 | 閉脚両手下p〔閉脚両手下〕=開脚=開脚両手下p〔開脚両手下〕 |
| 3 | 起勢 | 開脚両手下p〔開脚両手下〕=両腕p=両手構えp=起勢=両手螺旋p「縦回転パターン」開脚両腕p〔開脚両腕p〕 |
| 4 | 反転回転 | 開脚両腕p〔開脚両腕p〕=反転回転=左前両腕p〔左前両腕〕 |
| 5 | 右螺旋回転 | 左前両腕p〔左前両腕〕=右構えp「右螺旋回転パターン」左前右手取りp〔左前右Tの肘下〕 |
| 6 | 右縦回転 | 左前右手取りp〔左前右Tの肘下〕=右三角p「右縦回転パターン」左足前両腕p〔左足前両腕〕 |
| 7 | 左単鞭 | 左足前両腕p〔左足前両腕〕=左構えp=左螺旋p=左単鞭 |
| 8 | 左螺旋回転 | 左単鞭=左構えp「左螺旋回転パターン」開脚左手取りp〔開脚左Tの肘下〕 |
| 9 | 雲手 | 開脚左手取りp〔開脚左Tの肘下〕=右三角p=左手上=右三角p「右縦回転パターン」右シーソーp=雲手 |
| 10 | 左螺旋回転 | 雲手=両手構えp=左螺旋p「左螺旋回転パターン」開脚左手取りp〔開脚左Tの肘下〕 |
| 11 | 雲手 | 開脚左手取りp〔開脚左Tの肘下〕=右三角p=左手上=右三角p「右縦回転パターン」右シーソーp=雲手 |
| 12 | 左螺旋回転 | 雲手=両手構えp=左螺旋p「左螺旋回転パターン」左前左手取りp〔左前左Tの肘下〕 |
| 13 | 雲手 | 左前左手取りp〔左前左Tの肘下〕=右三角p=左手上=右三角p「右縦回転パターン」右シーソーp=雲手 |
| 14 | 左単鞭 | 雲手=両手構えp=左螺旋p=左単鞭 |
| 15 | 高探馬 | 左単鞭=左構えp「左螺旋回転パターン」左フックp=高探馬 |
| 16 | 右縦回転 | 高探馬=左手上=右三角p「右縦回転パターン」左足前両腕p〔左足前両腕〕 |
| 17 | 右螺旋回転 | 左足前両腕p〔左足前両腕〕=右構えp「右螺旋回転パターン」閉脚右手取りp〔閉脚右Tの肘下〕 |
| 18 | 十字手 | 閉脚右手取りp〔閉脚右Tの肘下〕=十字手=右三角p「左縦回転パターン」開脚両手下p〔開脚両手下〕 |

| 19 | 閉脚 | 開脚両手下 p〔開脚両手下〕＝**閉脚**＝閉脚両手下 p〔閉脚両手下〕 |
|---|---|---|
| 20 | 太極呼吸 | 閉脚両手下 p〔閉脚両手下〕＝**太極呼吸**＝閉脚両手下 p〔閉脚両手下〕 |

●第5組 〈HARMONY TAICHI BY EGUCHI SET 5〉

| 1 | 太極呼吸 | 閉脚両手下〔開脚両手下〕＝**太極呼吸**＝閉脚両手下〔閉脚両手下〕 |
|---|---|---|
| 2 | 開脚 | 閉脚両手下〔閉脚両手下〕＝**開脚**＝開脚両手下〔開脚両手下〕 |
| 3 | 起勢 | 開脚両手下〔開脚両手下〕＝両腕p＝両手構えp＝**起勢**＝両手螺旋p「縦回転パターン」開脚両腕p〔開脚両腕p〕 |
| 4 | 反転回転 | 開脚両腕p〔開脚両腕p〕＝**反転回転**＝左前両腕p〔左前両腕〕 |
| 5 | 右螺旋回転 | 左前両腕p〔左前両腕〕＝右構えp「**右螺旋回転**パターン」左前右手取りp〔左前右Tの肘下〕 |
| 6 | 右蹴り | 左前右手取りp〔左前右Tの肘〕＝左三角p「右縦回転パターン」両手螺旋p＝**右蹴り**＝右足前両腕p〔右足前両腕〕 |
| 7 | 双峰貫耳 | 右足前両腕p〔右足前両腕〕＝**双峰貫耳** |
| 8 | 左螺旋回転 | 双峰貫耳＝両手構えp＝左螺旋p「**左螺旋回転**パターン」右足前左手取りp〔右足前両腕〕 |
| 9 | 右肘回転 | 右足前左手取りp〔右足前左Tの肘下〕＝右三角p＝**右肘回転**＝左前左手取りp〔左前左Tの肘下〕 |
| 10 | 左縦回転 | 左前左手取りp〔左前左Tの肘下〕＝右三角p〔**左縦回転**パターン〕左足前両腕p〔左足前両腕〕 |
| 11 | 左蹴り | 左足前両腕p〔左足前両腕〕＝**左蹴り**＝左足前両腕p〔左足前両腕〕 |
| 12 | 右曲膝落腰 | 左足前両腕p〔左足前両腕〕＝右構えp＝右螺旋p＝**右曲膝落腰** |
| 13 | 右膝蹴り | 右曲膝落腰＝右三角p「左縦回転パターン」両手螺旋p＝**右膝蹴り**＝右足前両腕p〔右足前両腕〕 |
| 14 | 左曲膝落腰 | 右足前両腕p＝左構えp＝左螺旋p＝**左曲膝落腰** |
| 15 | 左膝蹴り | 左曲膝落腰＝左三角p「右縦回転パターン」両手螺旋p＝**左膝蹴り**＝左足前両腕p〔左足前両腕〕 |
| 16 | 左螺旋回転 | 左足前両腕p〔左足前両腕〕＝左構えp「**左螺旋回転**パターン」左足前左手取りp〔左足前左Tの肘下〕 |
| 17 | 左穿梭 | 左足前左手取りp〔左足前左Tの肘下〕＝右三角p＝左縦回転p＝**左穿梭** |
| 18 | 右穿梭 | 左穿梭＝左構えp「左螺旋パターン」左返しp＝左フックp＝**右穿梭** |
| 19 | 海底針 | 右穿梭＝左手上＝左三角p「右縦回転パターン」右シーソーp＝**海底針** |
| 20 | 閃通背 | 海底針＝右構えp「右螺旋パターン」右手返しp＝**閃通背** |

| 21 | 右螺旋回転 | 閃通背＝右構え p「**右螺旋回転パターン**」左足前右手取り p〔左足前右Tの肘下〕 |
| --- | --- | --- |
| 22 | 左肘回転 | 左足前右手取り p〔左足前右Tの肘下〕＝左三角 p＝**左肘回転**＝右前手取り p〔右前右Tの肘下〕 |
| 23 | 搬攔捶 | 右前右手取り p〔右前右Tの肘下〕＝右構え p＝**搬攔捶** |
| 24 | 如封似閉 | 搬攔捶＝右構え p＝**如封似閉**＝右シーソー p「右縦回転パターン」左足前両腕 p〔左足前両腕〕 |
| 25 | 右円回転 | 左足前両腕 p〔左足前両腕〕＝**右円回転**＝左足前両腕 p〔左足前両腕〕 |
| 26 | 右螺旋回転 | 左足前両腕 p〔左足前両腕〕＝右構え p「**右螺旋回転パターン**」閉脚右手取り p〔閉脚右Tの肘下〕 |
| 27 | 十字手 | 閉脚右手取り p〔閉脚右Tの肘下〕＝**十字手**＝右三角 p「左縦回転パターン」開脚両手下 p〔開脚両手下〕 |
| 28 | 閉脚 | 開脚両手下 p〔開脚両手下〕＝**閉脚**＝閉脚両手下 p〔閉脚両手下〕 |
| 29 | 太極呼吸 | 閉脚両手下 p〔閉脚両手下〕＝**太極呼吸**＝閉脚両手下 p〔閉脚両手下〕 |

# おわりに

## 太極拳の起源と老子に学ぶ作為なき生き方

　太極拳の起源には諸説ありますが、一般的には、明代末期、清代初期に活躍した武人・陳王廷（1600年頃－1680年頃）が、中国河南省の陳家溝という地において、家伝の武術やその他の武術を参考に創始したと言われています。

　一方では「伝説上の創始者」として、元代から明代にかけて道教の道士であった張三豊が伝えたと言われています。
　道教は中国古来の民間信仰で後に老子の思想を取り入れたものと考えられます。このことから私は、道教の道士たちの修行の過程から、老子の思想の反映として太極拳の源流が生まれ、その後、陳王廷がこれを取り入れたのではないかと推測する次第です。

　「太極拳は老子思想の反映である」という思いを深くしたのは、1995年に、張三豊道士が修行した、道教の聖地である武当山を訪ねた時でした。その時、私は饅頭のような髷を結った道教の道士の方と、太極拳の手合わせをして頂きました。

　その時の手の触れ合いの感覚から太極拳の運動法則の原点らしきものを感じました。この原点の思いが太極拳の行動原理としての老子の思想の研究と、二人で組んでおこなう「江口式二人でできる太極拳」の考案につながった次第です。

　2500年前、中国の思想家である老子は、この大自然である、宇宙、地球、万物、万物の一つとして人間を生じさせた自然法則の働きを「道」タオと名付けました。

そしてこの自然法則の働きで地球を含む大自然の調和をもたらしているのです。ではこの自然法則の働きは何故に調和をもたらすのでしょうか。

　老子はこの自然法則の働きには作為がないが故に調和をもたらすのだと説いています。

　人間はこの作為なき自然法則の働きで作為なき人間として生まれてきたのです。しかし現実の人間関係は作為に満ちあふれています。だから作為が働くと調和が崩れるのです。作為があれば怒り、対抗心、執着心で出過ぎが生じ、嫉妬や怨みで心が汚され、凹みが生じます。

　だから老子は、この作為を捨て、心をきれいにして人間も自然法則に従って生きると調和が得られるのだと説いています。調和が得られると作為の無い大自然の恵みを得て、すべての人が幸福になれると説いています。「江口式二人でできる太極拳」の練習を通して作為なき「太極」の調和を身につけてくだされば幸いです。

　最後に本書の出版にあたり、BABジャパン出版局の近藤友暁さん、江口式太極拳師範の小川洋子さん、指導員の篠原ふみとさんのご協力に深く感謝いたします。

　練習場所を確保できる方、また、太極拳、空手、合気道、少林寺拳法の経験者で「江口式二人でできる太極拳」の指導者を目指したい方、ご質問のある方は下記までご連絡ください。

eguchihideki@gmail.com

2014年　吉日<br>
江口英顕　拝

## 江口英顕（えぐち　ひであき）

1944年生まれ。慶應義塾大学在学中に空手部に所属。鉄鋼貿易会社を経営する中で、1978年に中国出張の折りに太極拳に出合う。帰国後、楊名時師範に入門して稽古を積む一方で、中国出張の度に太極拳の実力者を訪ねて交流し、教えを受ける。太極拳の研究とともに「老子」の研究に努め、「二人で出来る太極拳」を創始。2011年、中国厦門（あもい）での武術大会で「二人で出来る太極拳」を披露し、金賞を受ける。DVDに「二人でできる24式太極拳──太極拳の新しい楽しみ方──」がある。

---

演武協力　小川洋子、篠原ふみと

装丁：梅村昇史　　本文デザイン：和泉仁
撮影：中島ミノル　編集・イラスト：yuu-akatuki

---

# 江口式二人でできる!!
# 太極拳入門 簡化24式

2015年1月30日　初版第1刷発行

著　者　　江口英顕
発行者　　東口 敏郎
発行所　　株式会社ＢＡＢジャパン
　　　　　〒151-0073
　　　　　東京都渋谷区笹塚1-30-11 中村ビル
　　　　　TEL　03-3469-0135
　　　　　FAX　03-3469-0162
　　　　　URL　http://www.bab.co.jp/
　　　　　E-mail　shop@bab.co.jp
　　　　　郵便振替 00140-7-116767

印刷・製本　　大日本印刷株式会社

©Hideaki Eguchi 2015　ISBN978-4-86220-882-8 C2075

※本書は、法律に定めのある場合を除き、複製・複写できません。
※乱丁・落丁はお取り替えします。

## DVD Collection

24式の動作をパートナーと楽しく練習！
相手を感じることで"呼吸"と"調和"が更に深まり
体の隅々まで健康になっていきます!!

### DVD 太極拳の新しい楽しみ方
# 二人でできる24式太極拳

世界に多くの愛好家を有し、太極拳の代名詞的存在ともいえる簡化24式太極拳。この套路を二人で組んで行う套路として考案したのが「二人でできる24式太極拳」です。相手を感じながら動いていくことで"呼吸"と"調和"が更に深まり、太極拳の奥深さや楽しさがいっそう味わえます。

■江口英顕 指導・監修　■収録時間90分　■本体5,000円＋税

# BOOK Collection

### BOOK 見やすい！分かりやすい！
## 簡化二十四式 太極拳入門 新装改訂版
李徳芳老師が簡化太極拳創始者である父李天驥より受け継いだ真髄と三十数年にわたる太極拳指導の経験を生かして、初心者向けに正しい学び方を紹介。基本技術と練習の要領を正確に理解すれば、太極拳の基本技術を短期間でマスターできるばかりではなく、健康面においても素晴らしい効果が得られます。
●李徳芳 著 ●A5判 ●168頁 ●本体1,600円＋税

### BOOK 32式太極剣入門
●太極拳ハンドブックシリーズ1　女性にも比較的簡単に学ぶことのできる初心者向けの入門套路として著名な「32式太極剣」を紹介。誰もが太極剣を美しく正しく練功できるように、定式の名称説明から目線への配慮まで分解写真と丁寧な解説文で分かりやすく解説。
●李徳芳 著 ●新書判 ●126頁 ●本体971円＋税

### BOOK 48式太極拳入門
●太極拳ハンドブックシリーズ2　初心者から上級者まで対応した太極拳ファン必携のハウツー本!!　48式太極拳は、楊式太極拳を基礎に、陳・孫・呉・武式などの伝統的太極拳各派の特徴を生かし、簡化太極拳24式の上級型として編纂されたものです。
●李徳芳 著／李徳印 監修 ●新書判 ●208頁 ●本体1,200円＋税

### BOOK 42式太極剣入門
●太極拳ハンドブックシリーズ4　優れた健康増進効果！豊富なバリエーション。伝統的な太極剣の技を取り入れ完成した競技用公式規定套路「42式太極剣」。42太極剣を動きの流れを表した図解入り写真と丁寧でわかりやすい解説で構成。
●李徳芳／呉増楽 共著 ●新書判 ●168頁 ●本体1,200円＋税

### BOOK 規定 楊式太極拳入門
●太極拳ハンドブックシリーズ5　中国武術研究院により競技用規定套路としてつくられた楊式太極拳を紹介します。この套路は伝統的な楊式太極拳の風格・特徴がよく表現され、鑑賞性・技巧性・競技性、さらには健身作用の面においても高度なものとなっています。
●李徳芳／呉増楽 共著 ●新書判 ●168頁 ●本体1,200円＋税

### BOOK 42式総合太極拳入門
●太極拳ハンドブックシリーズ6　陳式・楊式・孫式・呉式太極拳の各流派から技が取り入れられた、総合的な太極拳。全42動作に全ての基本形を含み、アジア・世界大会に採用されている競技用規定套路をマスター！
●李徳芳／呉増楽 共著 ●新書判 ●160頁 ●本体1,100円＋税

# BOOK Collection

### BOOK 李徳芳先生の 美しい太極扇入門

華麗にして、躍動的!李徳芳老師と呉増楽老師が伝授する太極拳の最新科目。太極拳に備わる優れた健康増進効果に、優雅な扇を用いる美しさが加わり、注目を浴びています。太極拳と太極剣の動作が基本とされ、長拳・武当剣の技および舞踊的な動きも取り入れられています。

●李徳芳／呉増楽 共著　●A5判　●168頁　●本体1,600円+税

### BOOK 太極拳の真髄

24式太極拳の編者にして太極拳の父、李天驥老師が八十年の武術・太極拳人生の集大成として太極拳の実践と理論、歴史を綴った決定版。■目次：太極拳の理論（「太極拳論」と「十三勢歌」・他）／簡化二十四式太極拳／健身のための功法（八段錦・太極養生十三勢功）／他

●李天驥 著　●A5判　●300頁　●本体2,718円+税

### BOOK 宗家20世・陳沛山老師の 太極拳『超』入門

今まで無かった！太極拳創始者直系の伝承者が教える最も基本的な体の使い方から極意まで！太極拳で用いる基本的な身体技法から、伝統太極拳のエッセンスを凝縮した四正太極拳（20套路）を学べます。さらに太極拳の歴史や思想を学べるトピックスや、陳家に伝わる未公開エピソードも含まれた、これまでになかった新しいスタイルの入門書。

●陳沛山 著　●A5判　●336頁　●本体2,000円+税

### BOOK 「10の言葉」がカラダを拓く！
# 太極拳に学ぶ身体操作の知恵

「太極体動はすべてに通ず！」　古来から練り上げられ蓄積された身体操作のエッセンス「10の言葉（太極拳十訣）」が示す姿勢や意識のあり方で、あらゆる身体行動を〝質的転換〟へ導く革新的な一冊！　太極拳の根本教典『太極拳経』の直訳文・通釈文も収録！

●笠尾楊柳 著　●四六判　●224頁　●本体1,500円+税

### BOOK 誰にも聞けない 太極拳の「なぜ？」

今さら聞けない初心者の素朴な疑問から、達人たちが隠してきたヒミツの極意まで、太極拳にまつわる「なぜ」を解説します！　例：ゆっくり動くのは、なぜ？／なぜ、中腰姿勢？／中心軸とは？／左右対称でないのはなぜか？／覚えられないのはなぜ？／「気」とは？／呼吸はどうする？／太極拳でホントに強くなれるの？／等々…。

●真北斐図 著　●A5判　●203頁　●本体1,500円+税

### CD 太極拳の音楽　表演用BGM集

音楽で楽しむ太極拳の世界。表演、普段の練習はもちろん、イメージトレーニングに最適!!　内容：簡化太極拳24式（約7分）／太極拳48式（約11分）／太極拳88式（約21分）／太極剣32式（約4分）／総合太極拳（約6分）／太極剣42式（約4分）／武当太極剣（約4分）／太極扇（約5分）

●収録時間62分　●本体2,200円+税

『月刊秘伝』オフィシャルサイト

# 古今東西の身体文化を愛する方のための総合情報サイト

# web秘伝

秘伝　検索　http://www.webhiden.jp

『月刊秘伝』オフィシャルサイトが装いを新たに、「WEB秘伝」としてオープンしました。武道・武術から療術・身体開発法にいたるまで、古今東西の身体技法を網羅した総合情報サイトとして、運営してまいります。

武道・武術を始めたい方、上達したい方、雑誌や書籍の情報を知りたい方、購入したい方、健康になりたい、そして強くなりたい方など、身体文化を愛されるすべての方々の様々な要求に応えるコンテンツを随時更新していきます!!

### 秘伝・武道・武術
WEB秘伝オリジナル記事、写真や動画も交えて武道武術をさらに探求するコーナー。

### 達人・名人・秘伝の師範たち

月刊秘伝を彩る達人・名人・秘伝の師範たちのプロフィールを紹介するコーナー。

### フォトギャラリー
『月刊秘伝』取材時に撮影した達人の瞬間を写真で公開！

### 動画ギャラリー
『月刊秘伝』取材時に撮影した技法の数々を動画で公開！

### 道場ガイド
全国700以上の道場の道場から、地域別、カテゴリー別、団体別に検索!!

### 行事ガイド
全国津々浦々で開催されている演武会や大会、イベント、セミナー情報が満載。

### 秘伝アーカイブ
『月刊秘伝』バックナンバーの貴重な記事がWEBで復活。編集部おすすめ記事満載。
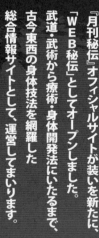

### ショッピング
『月刊秘伝』の最新号やバックナンバー、関連書籍、DVDすぐに購入いただけます。

株式会社BABジャパン　〒151-0073　東京都渋谷区笹塚1-30-11
TEL:03-3469-0135　FAX:03-3469-0162　hiden@bab.co.jp　http://www.webhiden.jp